Inhaltsverzeichnis

W0088401

Einleitung 7

I Am Anfang
Engel, die uns im Alten Testament begegnen 11

1. Wie Engel wichtige Lebensfragen stellen
Hagar und der Engel am Brunnen 17

2. Engel, die uns in Fremden begegnen
Abraham, Sara und die drei Engel am Hain von Mamre 26

3. Gesandte, die Altlasten gegen Himmlisches tauschen
Jakob und die Himmelsleiter 34

4. Ein Esel wird zum Engel
Bileam und die sprechende Eselin 44

5. Wenn ein einfacher Rat Heilsames enthält
Naeman und die Kunst, Gott zu vertrauen 53

6. Der Weg raus aus dem Burn-out
Elija und der fürsorgende Schubsengel 59

7. Standhaft – auch wenn es brenzlig wird
Die drei Männer im Feuerofen 67

8. Ein Engel, der anderen das Maul zuhält
Daniel, seine Neider und die Löwengrube 71

II Wie Gott weiter sendet ...
Engel, die uns im Neuen Testament begegnen 77

9. Wunscherfüller, die einem die Sprache verschlagen
Zacharias und der Engel 78

10. Eine unglaubliche Botschaft
Maria und der Engel 88

11. Wie ein (Alb-)Traum die Zukunft verändert
Joseph und der Engel 93

12. Der Schubsengel von Bethesda
Der Gelähmte am Teich von Bethesda 100

13. Engel, die uns entsetzen
Die Frauen am leeren Grab des Auferstandenen 108

III ... und Engel uns heute erscheinen
Erlebnisse mit Schutzengeln und Schubsengeln 114

14. Ein Engel ruft „Halt!" 118

15. Städte der Engel – Los Angeles,
Vilnius und Bautzen 123

Clemens Bittlinger

Behütet und beflügelt

Wie Engel uns begegnen

BRUNNEN
Verlag GmbH · Giessen

Clemens Bittlinger ist Pfarrer, Buchautor und Liedermacher. Unzählige Konzerte und Tourneen in den vergangenen vier Jahrzehnten sowie 42 veröffentlichte CDs mit einer Gesamtauflage von rund 400 Tausend verkauften Exemplaren machen ihn als Singer-Songwriter zu einem der erfolgreichsten Interpreten seines Genres. Seine Lieder haben in zum Teil millionenfacher Auflage den Weg ins allgemeine Liedgut der Kirchengemeinden gefunden. Clemens Bittlinger ist verheiratet und hat zwei erwachsene Söhne.

Ergänzend zu diesem Buch erschien das Songalbum „Leih mir deine Flügel" bei: *www.sanna-sound.de*

16. Schulterblicke und andere kleine Schubser   130

17. Melodica in Lissabon   134

18. Viel mehr als ein Pappschild   136

IV So habe ich Engel erlebt

Begegnungen mit Engeln mitten im Leben   143

19. Mehr als ein Gelber Engel   145

20. Zurückgehalten von einer Kraft   148

21. Der weiß schimmernde Mann   150

22. Nur mit den Augen   153

23. Die Engel der Gemeinden   157

24. Leipzig 1989   161

25. Engel = Jahresendflügelfigur   170

26. Keine Panik auf der MS Artania   173

27. Die heilige Corona   180

28. Engel in Aktion   189

29. Wie beschreibt man Engel,
   die man nicht sehen kann?   192

30. Und lass deine heiligen Engel darin wohnen ...   197

31. Nachwort   203

Quellen   206

Einleitung

„Da hat dein Schutzengel aber gut auf dich aufgepasst!" Diesen Kommentar hört man immer wieder, wenn etwas gerade noch mal gut gegangen ist. Da ist jemand die Treppe hinuntergefallen und hat sich bloß den Fuß verstaucht; er hätte sich ja auch das Genick brechen können. Da hat sich eine andere bei Glatteis zweimal mit dem Auto überschlagen und außer ein paar Prellungen ist nichts passiert. Ein befreundeter Musiker kam zwei Minuten nach dem feigen Attentat genau an der Stelle vorbei, wo Menschen erschossen wurden, dieser Ort lag auf seinem ganz normalen Weg von einer wöchentlich stattfindenden Musikprobe zur S-Bahnstation. „Da waren aber gleich ganze Kohorten von Schutzengeln an deiner Seite!", kommentierte ich sein Erlebnis spontan. Wobei dann sofort in meinem Innern die Frage auftauchte: Wo waren die Schutzengel der anderen? Derer, die bei diesem Attentat zu Tode kamen?

Bereits hier merken wir, die Sache mit dem Schutzengel ist eine höchst subjektive und persönliche Angelegenheit, deren Säulen spätestens bei einem schweren Unglück oder Schicksalsschlag ins Wanken geraten: *„Wo war mein Schutzengel, als mir dies und jenes widerfuhr!"*

Die Vorstellung von einem Schutzengel, den jeder Mensch hat, ist ganz selbstverständlich im allgemeinen Volksglauben verankert. Denn dass es Engel gibt, also himmlische Gesandte und göttliche Botschaften, steht für all jene außer Frage, die die Bibel schätzen. Schon von Kindesbeinen an werden wir mit der Vorstellung, dass wir einen Schutzengel haben, vertraut gemacht. Und wenn ich als Pfarrer mit Eltern über die Taufe ihres Kindes spreche, dann ist ein Hauptgrund, warum sie ihr Kind taufen lassen wollen, der Schutzgedanke. „Wir wollen unser Kind unter den besonderen Schutz Gottes stellen!" So spielt die Vorstellung von einem Schutzengel, der diesem geliebten Kind durch die Höhen und Tiefen zur Seite stehen möge, eine ganz wichtige Rolle.

Vorstellungen von Engeln gibt es viele. Auf der Kommode zu Hause in unserem Wohnzimmer steht, aus grobem Holz gefertigt, ein etwa 30 Zentimeter großer Engel. Er ist auf eine kleine Schieferplatte montiert, auf der vorne ein Teelicht platziert ist, sodass der Engel, der kein Gesicht besitzt, von Zeit zu Zeit in einem flackernden Licht erscheint und hinter sich einen großen Schatten wirft.

So erlebe ich Engel – selten unmittelbar, aber doch wirksam in meinem Leben und im Leben vieler Menschen, die mir begegnen. Sie werfen einen Schatten, der oftmals vielleicht viel größer ist als das tatsächliche Ereignis, und oft lässt sich erst im Rückblick erkennen: Da war ein Engel – eine mehr oder weniger abstrakte Skulptur, ohne Gesicht, mit wie Flügel ausgebreiteten Armen, die eher Schutz verheißen als irgendwelche Höhenflüge.

Solch eine Engelsvorstellung scheint mir eine sehr alltagstaugliche zu sein. Ein Engel, dem es nicht auf sich selbst ankommt, sondern der da ist, um uns zu beruhigen und uns daran zu erinnern: „Ich habe viele Gesichter und wer achtsam durch das Leben geht, wird mich entdecken. Immer wieder und öfter, als man glaubt."

Der Gottesbote aus grobem Holz geschnitzt stand übrigens eines Tages vor unserer Haustür. Ohne einen Brief, Zettel oder Kommentar. Wir nahmen ihn freudig auf. Freunde hatten ihn uns vor die Tür gestellt als ein kleines „Dankeschön" und wohl als Hinweis: „Du warst für uns wie ein Engel!"

In diesem Buch gehe ich ausgewählten biblischen Geschichten über Engel im Alten und im Neuen Testament nach, um zu zeigen, wie die himmlischen Gottesboten uns Menschen mitten im Leben begegnen, und lade mit Geschichten und Erlebnissen aus dem Zeitgeschehen ein, immer wieder staunend innezuhalten und sich bewusst zu machen: Engel sind (auch heute noch) stets unterwegs.

Dabei ist mir auch wichtig, auf einen ganz besonderen Aspekt der himmlischen Begleiter hinzuweisen. Denn nicht selten entpuppt sich mancher Schutzengel als „Schubsengel". Ein Engel, der sowohl biblisch als auch in der persönlichen Erfahrung bestens belegbar ist. Er spricht zu uns, schubst uns an durch Zeichen, durch Begegnungen, durch Ereignisse oder durch Impulse, die uns zu Herzen gehen. Wer mit offenen Augen durchs Leben geht, wird immer wieder seine Spuren entdecken. Engel behüten und beflügeln uns.

I

Am Anfang

Engel, die uns im Alten Testament begegnen

„Während er schlief, hatte er einen Traum:
Er sah eine Treppe, die auf der Erde stand
und bis zum Himmel reichte.
Engel Gottes stiegen hinauf und herab."
1. Mose 28,12

Es braucht ein bisschen Zeit, bis jene Gestalten in der Bibel auftauchen, die als das angesehen werden können, was wir heute unter dem Begriff „Engel" verstehen.

Zunächst sind da nämlich die geheimnisvollen Kerubim – seltsame geflügelte und Kriegern ähnliche Wesen. Sie erscheinen im ersten Buch Mose (Genesis), im dritten Kapitel, direkt nach der Vertreibung von Adam und Eva aus dem Paradies. Sie flößen Ehrfurcht ein und werden uns als Wächter am Osttor des Paradieses vorgestellt: *„Er vertrieb den Menschen und ließ östlich vom Garten Eden die Kerubim wohnen und das lodernde Flammenschwert, damit sie den Weg zum Baum des Lebens bewachten"* (1. Mose 3,24).

Wo die Kerubim auftauchen, ist Gott ganz nah. Mit ihren Flammenschwertern stehen sie für die unüberwindbare Grenze zwischen der göttlichen und der irdischen Welt. Auf ihnen – wie zwischen ihnen – agiert auf geheimnisvolle Weise der Allmächtige. Später werden sie zu Wächtern und Hütern der Bundeslade:

„Mach zwei Kerubim aus getriebenem Gold und arbeite sie aus den beiden Enden der Sühneplatte heraus! Arbeite einen Kerub aus dem einen Ende heraus und einen anderen Kerub aus dem anderen Ende; aus der Sühneplatte arbeite die Kerubim heraus, an ihren beiden Enden! Die Kerubim sollen die Flügel nach oben ausbreiten, mit ihren Flügeln die Sühneplatte beschirmen und sie sollen ihre Gesichter einander zuwenden; der Sühne-

platte sollen die Gesichter der Kerubim zugewandt sein.
Setze die Sühneplatte oben auf die Lade und in die Lade
leg das Bundeszeugnis, das ich dir gebe! Ich werde dir
dort begegnen und dir über der Sühneplatte zwischen
den beiden Kerubim, die auf der Lade des Bundeszeug-
nisses sind, alles sagen, was ich dir für die Israeliten auf-
tragen werde" (2. Mose 25,18–22).

Nur klingt das alles irgendwie nicht nach den Engeln,
so wie wir sie uns heute vorstellen. Jedenfalls nicht nach
Schutzengeln, sonst hätten sie ja Adam und Eva vor ihrem Fehltritt bewahrt. In der Anfangszeit der Menschheit, in der Urzeit, von der die Bibel berichtet, scheint
noch vieles in Bewegung zu sein. Zumindest entsteht
dieser Eindruck, wenn ein paar Kapitel später von dieser
merkwürdigen Begebenheit die Rede ist, wo auf einmal
der Schreiber von einer *Zeit der Riesen* und der *Gottes-*
söhne berichtet, die sich mit den Menschentöchtern einlassen:

„Als sich die Menschen auf Erden zu vermehren begannen
nen und ihnen Töchter geboren wurden, sahen die Got-
tessöhne, wie schön die Menschentöchter waren, und sie
nahmen sich von ihnen allen Frauen, die sie auswähl-
ten. Da sprach der Herr: ‚Mein Geist soll nicht für im-
mer im Menschen bleiben, weil er eben Fleisch ist; daher
soll seine Lebenszeit hundertzwanzig Jahre betragen.'
In jenen Tagen gab es auf der Erde die Riesen, und auch
später noch, nachdem sich die Gottessöhne mit den Men-

schentöchtern eingelassen und diese ihnen Kinder geboren hatten. Das sind die Helden der Vorzeit, die namhaften Männer" (1. Mose 6,1–4).

In den Psalmen begegnet uns die Vorstellung, dass die Engel das Erste (mit dem Schöpfungswort „Es werde Licht!") waren, was Gott erschuf. Sie werden in einem Atemzug mit dem Kosmos und den Naturgewalten erwähnt:

„Halleluja! Lobt den Herrn vom Himmel her, lobt ihn in den Höhen. Lobt ihn, all seine Engel, lobt ihn, all seine Heerscharen, lobt ihn, Sonne und Mond, lobt ihn, all ihr leuchtenden Sterne, lobt ihn, ihr Himmel der Himmel, ihr Wasser über dem Himmel!" (Psalm 148,1–4).

Doch nach diesen ersten diffusen Darstellungen der himmlischen Zwischenwesen begegnen uns die Himmelsboten in einer unglaublichen und oft den Menschen sehr nahen Vielfalt und Erscheinungsweise.

Das Wort, wovon sich unser deutsches Wort *Engel* ableitet, kommt aus dem Griechischen (*angelos*) und geht auf das hebräische Wort *mal'akh* aus der Thora zurück. Als *mal'akh* wurde ein Bote bezeichnet, der auch der

Gesandte eines Königs sein konnte. Deshalb ist in der Bibel oft ergänzt „ein Gesandter des Herrn", wenn es sich um einen Himmelsboten handelte. Diesen haben sich die Verfasser der alttestamentlichen Schriften meist in Menschengestalt, oft jedoch geschlechtslos, vorgestellt.

Die Aufgabe der Engel war es, Botschaften von JHWH an die Menschen zu überbringen. Mitunter vermischt sich dabei die Engelerscheinung mit der Gegenwart JHWHs, beispielsweise bei der Erzählung vom brennenden Dornbusch, sodass der Eindruck entsteht, Gott selbst erscheint in der Stimme oder Gestalt eines Engels (2. Mose 3,1 ff.).

Die sogenannten „Erzengel" wiederum stehen in besonderem Kontakt mit JHWH. Im Buch Tobit ist zu lesen: *„Ich bin Rafaël, einer von den sieben Engeln, die vor die Herrlichkeit des Herrn treten dürfen"* (Tobit 12,15). Sie dürfen vor die Herrlichkeit JHWHs treten und sind sozusagen die „Chefengel" oder besser gesagt die „Engelsfürsten", denen weitere Engel wie die sogenannten „Deutungsengel" (Buch Daniel und Sacharja) unterstellt sind (Daniel 10,11–14). Diese wiederum fungieren in den späteren Schriften des Alten Testaments als Übersetzer einer vielfach sonst unverständlichen prophetischen Vision. Die bekanntesten Erzengel heißen Michael und Gabriel, von ihnen wird im Laufe dieses Buches noch öfter die Rede sein.

Der sicherlich eigensinnigste Engel ist wohl der „gefallene Engel" – Satan. Aus dem 1. Buch Mose (und später im Buch Hiob), aus der Geschichte von den „Gottessöhnen", könnte man diese Abkehr eines oder mehrerer Engel von den himmlischen Heerscharen herauslesen. An vielen Stellen wird Satan jedoch einfach als derjenige beschrieben, der die Aufgabe hatte, die Rechtschaffenheit der Menschen und ihre Frömmigkeit (Hiob) zu hinterfragen und auf die Probe zu stellen.

In den Schriften des Neuen Testaments entstand dann ein Dualismus (Apostelgeschichte 26,18), innerhalb dessen Satan bereits mit der Schlange im Paradies (Offenbarung 12,9) und als eigenständiger Widersacher Gottes und Vertreter des Bösen identifiziert wurde, der auch Jesus begegnete (Matthäus 4) und diesen auf die Probe stellte. Und Judas, der in die Geschichte einging als „der Jünger, der Jesus verriet", soll zu seiner Tat, so die Deutung des Evangelisten Lukas (22,3), von Satan verführt worden sein.

In den folgenden Kapiteln habe ich nun einige Engelsbegegnungen aus dem Alten Testament ausgewählt, die deutlich machen, dass die „Himmelsboten" als mythologische Bilder für die heilsamen Impulse Gottes im Leben eines Menschen zu verstehen sind. Bis heute inspirieren und beflügeln uns die überraschenden Kernaussagen dieser jahrtausendealten Erzählungen.

1.

Wie Engel wichtige Lebensfragen stellen

Hagar und der Engel am Brunnen

Hagar hatte genug. Sie wollte sich nicht weiter demütigen und fremdbestimmen lassen. Erst hatten Abram und Sarai sie als Sklavin ihrer Heimat Ägypten entrissen, immer musste sie ihrer launischen Herrin zu Diensten sein und dann sollte sie den Herrschaften als Leihmutter einen Sohn gebären. Als sie schließlich schwanger war, musste sie sich die Demütigungen von Sarai gefallen lassen, und das obwohl sie doch die Trägerin, die Gewährleisterin der Verheißung war.

Abram und Sarai hatten von Gott verheißen bekommen, sie würden die Ureltern eines riesigen Volkes werden. Doch die beiden wurden immer älter und nichts geschah; Sarai wurde einfach nicht schwanger. Da hatte diese die Idee, der göttlichen Verheißung ein wenig „auf die Sprünge" zu helfen, indem sie ihre Sklavin Hagar ihrem Ehemann Abram „zuführte". Abram war nicht abgeneigt, denn Hagar war eine schöne junge Frau in den besten Jahren. Also schliefen die beiden miteinander.

Eine tolle, heiße Liebesnacht wird es wohl nicht gewesen sein, auch wenn Abram ihr Zärtliches ins Ohr flüsterte und ihren schönen Körper bewunderte und liebkoste. Sie war, das wusste sie genau, nur ein Mittel zum Zweck. Und der sollte sich prompt erfüllen: Sie wurde schwanger.

Damit war allerdings auch völlig klar: Es lag nicht an Abram, dass er und Sarai kinderlos waren; es lag wohl an Sarai. Scheinbar konnte sie keine Kinder bekommen. Zu erkennen *„Es liegt an mir"* muss sie schwer getroffen haben. Geahnt hatte sie es vielleicht schon lange, doch von nun an hatte sie auch die heranwachsende Bestätigung ihres eigenen Unvermögens täglich vor Augen.

Auch Hagar verhielt sich nun anders ihr gegenüber. Nun war sie ebenfalls eine Frau von Abram und wohl auch diejenige, die mit ihrem Kind dafür sorgen würde, dass die Verheißung erfüllt würde. Sie wollte ihrer Herrin nun „auf Augenhöhe" begegnen. Ja, sie schaute sogar auf Sarai herab und gab ihr das Gefühl, minderwertig und nicht mehr so wichtig zu sein.

Das war zu viel für Sarai. Sie lief zu Abram, beschwerte sich und tiefe Verletzungen brachen aus ihr heraus: *„Da sagte Sarai zu Abram: Das Unrecht, das ich erfahre, komme* über *dich! Ich selbst habe meine Sklavin in deinen Schoß gegeben. Aber kaum sieht sie, dass sie schwanger ist, und schon gelte ich in ihren Augen nichts mehr"* (1. Mose 16,5).

Abram war wohl kein großer „Frauenversteher", nur wenig spürt man noch von der Zärtlichkeit seiner Liebesnacht mit Hagar, als er antwortet: „Sie ist deine Sklavin, also behandle sie auch so, züchtige sie, wenn sie dir nicht folgt." Das wollte sich Hagar wiederum nicht gefallen lassen und floh deshalb in die Wüste.

Hagars Flucht offenbart Stolz wie Eigensinniges: So lasse ich nicht mit mir umgehen. Lieber fliehe ich, egal wohin. Getreu dem Motto der Bremer Stadtmusikanten: „Etwas Besseres als den Tod finden wir überall!", begibt sie sich auf den Weg durch die Wüste hin zu einem Brunnen, den sie kennt. Immerhin weiß sie um eine Oase, zu der sie sich und ihr ungeborenes Kind retten kann. Wohl dem, der solche Orte kennt, die Zuflucht schenken, wenn Ratlosigkeit sich breitmacht. Oft sind es Menschen, die uns guttun, die uns zuhören und die uns in solchen Situationen wie Engel zur Seite stehen.

Die Quelle, zu der sie floh, die Oase, die sie kannte, lag auf der Strecke zwischen Kadesch und Bered. An diesem Ort wurde sie „vom Engel des Herrn" gefunden (1. Mose 16,7). Die Bibel gebraucht bewusst diesen Ausdruck und nicht „ein Engel ist ihr erschienen", denn sie wurde von diesem Engel gesucht und gefunden. Gott hatte Ausschau nach ihr gehalten und sie nun an dieser Quelle gefunden.

Für mich ist das ein schönes und tröstliches Bild, dass es Gott nicht egal ist, wie es Hagar, einer Sklavin aus der Fremde, geht. Und ich frage mich: Welche Brunnen, welche Lebensquelle, welche Rückzugsmöglichkeiten habe ich, wenn mir alles zu viel wird und ich mich ungerecht behandelt fühle?

Einfach wegzugehen und in die Wüste zu fliehen,

hätte für Hagar den Tod bedeutet. Man muss schon wissen, wo es eine Oase gibt.

Nachdem der Engel Hagar an der Wasserquelle gefunden hatte, sprach er sie als diejenige an, die sie war: *„Hagar, Sarais Magd, woher kommst du?"*

Wie heilsam kann es sein, wenn mir jemand diese Frage stellt: *„Woher kommst du?"* – Welche Einflüsse, welche Geschichte, welche familiären Verhältnisse und welche beruflichen und persönlichen Entscheidungen in der Vergangenheit haben dich an den Punkt gebracht, an dem du heute stehst?

Es ist eine therapeutische und sehr pragmatische Frage; sie fordert mich auf zu einer Bestandsaufnahme: Woher komme ich? Welche Faktoren bestimmen mein Leben? Wie sehe ich mich selbst und wie werde ich von anderen gesehen? Wenn ich mir Fragen wie diese wirklich gründlich stelle, werde ich über kurz oder lang zu meinen Wahrnehmungsstörungen vordringen, und ich werde das heilsame Gespräch mit meinem Gegenüber neu aufnehmen.

Ich denke, wir schenken dieser Frage „Woher komme ich?" viel zu wenig Beachtung. Gerade wenn Christen unterschiedlicher Prägung aneinandergeraten, kann es hilfreich sein, sich die Fragen zu stellen: Woher komme ich? Und mit welchen Gottesbildern bin ich groß geworden? Denn ist das geklärt, werden wir barmherziger miteinander umgehen und vielleicht wirklich ins Gespräch kommen.

„Jeder Mensch hat innerhalb seines eigenen
Angst- und Denksystems zunächst einmal recht!"
Jens Corrsen

„Woher kommst du?" Für Hagar als Dienerin bedeutet das: Du gehörst nicht dir selber, du bist eine Sklavin der Herrin Sarai und du trägst ein Kind ihres Mannes Abram aus. So stellt sich ihre unmittelbare Situation dar, an der sie auch durch ihre spontane Flucht nichts ändern kann. Dass sie ursprünglich aus Ägypten stammte, dort aber wohl schon als Sklavin geboren wurde und sich wie alle Sklaven nach Freiheit sehnte, steht auf einem anderen Blatt.

„Wo willst du hin?" Diese zweite grundlegende Frage stellt der Engel der Ägypterin Hagar im Anschluss. Auch sie ist eine der wichtigsten menschlichen Fragen und beinhaltet viele weitere ganz grundsätzliche: „Wo will ich hin? Wo möchte ich in fünf Jahren sein? Was sind meine familiären sowie privaten Wünsche und Ziele? Welche berufliche Perspektive verfolge ich? Wohin soll die Reise gehen?" Die Beantwortung dieser Fragen fällt bei uns je nach Alter und Lebenssituation sehr unterschiedlich aus.

„Wo wollen wir eigentlich hin?", so lautete auch eine der grundsätzlichen Fragen, die viele während der Corona-Krise bewegt hat. Dieses plötzliche Innehalten, dieser

abrupte Stillstand ganzer (Industrie-)Nationen barg und birgt ja auch immer die bange Frage: „Wie geht es weiter?" Und auch: „Können und wollen wir so weitermachen wie vor der Krise?" Der weltweite Lockdown hatte einerseits etwas „seltsam Grausames" und andererseits etwas „seltsam Heilsames".

Die beiden grundlegenden Fragen des Engels an Hagar, der Stimme Gottes, signalisieren vor allem eines: Hier sieht jemand genau hin! Hier begrüßt jemand nicht oberflächlich, sondern möchte eine Begegnung, einen Prozess in Gang bringen. Im Grunde verläuft ja jedes gute Gespräch mit einem Menschen, auf den ich mich einlassen möchte und den ich vielleicht schon länger nicht mehr gesehen habe, nach diesem Muster. Wir erzählen einander, woher wir kommen und was wir in den letzten Wochen und Monaten erlebt haben. Wir lassen einander ausreden und geben einander Raum. In einer zweiten Gesprächsphase kommen dann unsere Pläne, unsere Ziele, aber auch unsere Ängste und Nöte zur Sprache. Letztendlich mündet ein gutes Gespräch, eine wohltuende Begegnung, in der beglückenden Erfahrung, dass wir einander inspirieren und vielleicht sogar einander Ideen schenken, wie das eine oder andere Ziel zu erreichen wäre. Die ganze spätere Geschichte des Volkes Israel – der Exodus, der Auszug aus Ägypten, die 40 Jahre in der Wüste und der Traum von einem „Land, in dem Milch und Honig fließen" – ist geprägt von diesen beiden Grundfragen.

Wenn ich die beiden Fragen „Wo kommst du her?" und „Wo willst du hin?" für mich beantwortet habe, stellt sich die dritte Frage: „Wie willst du das erreichen?" Oder anders gesagt: „Wie willst du deinem Ziel näher kommen?"

Der Engel stellt Hagar diese Frage nicht. Im Grunde hat sie keine Wahl und weiß ja auch nicht, wo sie hinsoll, schließlich ist sie eine Sklavin. Aber die beiden Fragen des Engels helfen ihr, wieder einen klaren Kopf zu bekommen und seine Anweisung zu akzeptieren: „Kehre wieder dorthin zurück, wo du hergekommen bist, bleibe auf dem Boden der Tatsachen und sei demütig!"

Ein ernüchternder Rat: „Kehre zu dem zurück, wo du herkommst! Besinne dich auf das, was du hast! Konzentriere dich auf deine Aufgabe – und die ist nun mal und zunächst, dieses Kind zur Welt zu bringen!"

Es nützt nichts, wenn wir Aufgaben, die vor uns liegen, Verantwortung, die uns übertragen oder auferlegt wurde, einfach beiseiteschieben und sagen: „Jetzt mache ich was ganz anderes! Ich habe zwar einen Mann und zwei Kinder, aber jetzt denke ich nur noch an mich und wandere aus. Allein! Ich verliebe mich neu und tue so, als gäbe es alles andere gar nicht!" Das wird so nicht funktionieren, Flucht ist (hier) keine Lösung!

Hagar weiß das und sie weiß auch, dass der Engel recht hat, dass sie zurückkehren muss. Doch dann geschieht etwas Unglaubliches: Hagar, eine missbrauchte Dienerin, die junge Frau aus der Fremde, erhält von Gott die gleiche großartige und umfassende Verheißung für sich und ihren Sohn, wie sie auch Sarai und Abram gegeben wurde:

> *„Weiter sprach der Engel des Herrn zu ihr: Siehe, du bist schwanger, du wirst einen Sohn gebären und du sollst ihm den Namen Ismael – Gott hört – geben, denn der Herr hat dich in deinem Leid gehört. Er wird ein Mensch sein wie ein Wildesel. Seine Hand auf allen, die Hand aller auf ihm! Allen seinen Brüdern gegenüber wird er wohnen"* (1. Mose 16,11–12).

„Gehe zurück in die Verhältnisse, die du aus gutem Grund verlassen hast, kehre zurück in die demütigende Existenz einer Sklavin!" – so bitter lautet der Auftrag des Engels an Hagar. Doch sie weiß nun, dass sie und ihr Sohn eine Zukunft haben werden; eine gute, spannende Zukunft, und dass ihr Sohn einmal frei sein wird.

Hagar darf die Erfahrung machen, dass sie als Person und ihre Situation von Gott ganz und gar wahrgenommen werden und dass sie jenseits aller religiösen Grenzen von diesem Gott gesehen wird. Für sie ist das eine solch grundlegende, überraschende und beglückende Botschaft, dass die Freude darüber geradezu aus ihr herausprudelt: *„Du bist ein Gott, der mich sieht."* Und weiter: *„Gewiss habe ich hier hinter dem hergesehen, der mich angesehen hat. Darum nannte man den Brunnen: Brunnen*

des Lebendigen, der mich sieht." (1. Mose 16,13–14; LU).
Hagar – eine ägyptische Sklavin, eine Frau, die von ihren Besitzern missbraucht wurde – wird somit zum ersten Menschen, der JHWH einen Namen gibt: *„Du bist
ein Gott, der mich sieht."* Du bist der, der mich angesehen
hat! – wohl ein früher Hinweis auf die universelle Botschaft der Bibel, die letztendlich allen Völkern gilt.

„Es wird ein Engel dir gesandt,
um dich durchs Leben zu begleiten.
Er nimmt dich liebend bei der Hand
und bleibt bei dir zu allen Zeiten.
Er kennt den Weg, den du zu gehen hast,
und trägt mit dir der Erde Leid und Last."
Karl May

2.

Engel, die uns in
Fremden begegnen

Abraham, Sara und die drei Engel
am Hain von Mamre

Der Ort, an dem Hagar dem Engel begegnen durfte, wurde nach ihrem Glaubensbekenntnis benannt: *„Brunnen des Lebendigen, der mich sieht."* Auch heute noch gibt es viele Orte, in denen Engel seit Jahrhunderten eine wichtige Rolle spielen. Los Angeles, Vilnius und Bautzen, von denen später noch die Rede sein wird, sind da nur drei Beispiele. Es ist spannend, mal einen Ort wie beispielsweise Rom anhand der Engel zu erkunden, so wie es der amerikanische Schriftsteller Dan Brown in seinem berühmten Roman *„Illuminati"* getan hat. In der Bibel hängen Engelserscheinungen ganz oft mit einem konkreten, namentlich genannten Ort zusammen. Im ersten Buch Mose beispielsweise, im 18. Kapitel, wird beschrieben, wie Gott dem Abraham durch drei Männer im Hain von Mamre begegnete. Die Erzählung schildert, wie Abraham zur heißesten Tageszeit am Eingang seines Zeltes saß und wohl vor sich hin döste. Plötzlich erregte irgendetwas seine Aufmerksamkeit. Er hob seinen Kopf und sah hinaus ins grelle Licht. Wie aus dem Nichts standen da plötzlich drei Männer vor ihm. Er sprang auf, lief ihnen entgegen und verneigte sich vor ihnen mit den Worten: *„Mein Herr, wenn ich Gnade vor dir gefunden habe, dann geh nicht hier vorüber. Ich stehe dir zu Diensten!"* (1. Mose 18,3; GNB). Anschließend ließ er ihnen Wasser bringen und lud sie ein, es sich im Schatten unter einem Baum bequem zu machen. Sie durften sich frisch machen, waschen und im Schatten niederlassen. Abraham erwies sich als äußerst gastfreundlich, obwohl er diese Männer nicht kannte.

„Das ist der Gastfreundschaft tiefster Sinn,
einander Ruhe zu geben auf dem Weg
nach dem ewigen Zuhause."
Romano Guardini

Abraham wusste und spürte, dass ihm in einem Gast immer auch Gott begegnete. Deshalb tischte er richtig auf. Er eilte ins Zelt zu seiner Frau Sara und bat sie, extra Brot zu backen, und er wies seine Knechte an, ein junges Kalb zu schlachten. Geradezu fürstlich bewirtete und versorgte er seine drei Gäste. Man würde am liebsten selbst Teil dieser Gemeinschaft sein, wenn man liest, wie Abrahams Gastfreundschaft hier beschrieben wird. Zunächst kündigte er einen kleinen Imbiss (so würden wir es wohl heute ausdrücken) an, als er sagte: „Ich will euch einen Bissen Brot bringen, danach könnt ihr weiterziehen!" Was für eine Untertreibung! In Wirklichkeit richtete er zusammen mit seiner Frau und seinem Haushalt ein Fest aus. Er tischte das Beste auf, was die häusliche Küche zu bieten hatte. Gastfreundschaft. Ob nun spontan oder wochenlang im Kalender geplant – wie schön ist es doch, wenn wir in einem Haus, bei einer Familie zu Gast sind und dann überrascht werden von einem wunderbaren Mahl. Wir sehen, wie die Gastgeber den Tisch geschmückt haben, spüren, wie liebe- und kunstvoll sie ihn gedeckt haben und wie sie sich über unseren Besuch freuen. Und nicht selten führt der Anlass dazu, dass etwas Besonderes hervorgeholt wird – Limonade für die Kinder und ein edler Wein aus dem Keller. Der Liedermacher Gerhard Schöne hat das einmal wohltuend beschrieben:

Spar deinen Wein nicht auf für morgen

Spar deinen Wein nicht auf für morgen.
Sind Freunde da, so schenke ein!
Leg, was du hast, in ihre Mitte.
Durchs Schenken wird man reich allein.

Spar nicht mit deinen guten Worten.
Wo man was totschweigt, schweige nicht.
Und wo nur leeres Stroh gedroschen,
da hat dein gutes Wort Gewicht!

Spar deine Liebe nicht am Tage
für paar Minuten in der Nacht.

Hol sie aus ihrer Dunkelkammer,
dann zeigt sie ihre Blütenpracht.

Spar deinen Mut nicht auf für später,
wenn du mal „was ganz Großes" bist.
Dein kleiner Mut hilft allen weiter,
weil täglich Mut vonnöten ist.

Spar deinen Wein nicht auf für morgen.
Sind Freunde da, so schenke ein!
Leg, was du hast, in ihre Mitte.
Durchs Schenken wird man reich allein.[1]

Abraham und Sara schöpften aus dem Vollen und ihre Gäste genossen es. Sie aßen und tranken, während Abraham bei ihnen saß. Und nachdem die drei Männer gespeist hatten, fragten sie ihn: *„Wo ist deine Frau Sara?"* Sie sahen und wussten natürlich, dass da eine engagierte und fürsorgliche Partnerin mit im Spiel sein musste, wenn man so hervorragend bewirtet wurde. Abraham antwortete: *„Sie ist drinnen im Zelt!"*

In einer patriarchalisch geprägten Gesellschaft war es nicht ungewöhnlich, dass die Männer unter sich blieben. Umso ungewöhnlicher war daher die Bitte der drei Fremden, einmal die Ehefrau des Gastgebers kennenlernen zu wollen. Aber Engel sind nun mal zweifellos ungewöhnliche Gäste. Sie wollten sich einfach bedanken bei ihren beiden Gastgebern und sie taten dies mit einem atemberaubenden Versprechen, als einer der drei

Männer ankündigte: *„Ich werde in etwa einem Jahr wieder zu euch kommen und dann wird deine Frau Sara einen Sohn haben!"*

Was für eine unglaubliche Botschaft und Überraschung! Gewiss, die beiden hatten von Gott die Verheißung bekommen, einmal die Ureltern eines gigantischen Volkes zu werden, aber seit diesem Versprechen war viel Zeit vergangen. Abraham und Sara waren immer älter geworden und glaubten nicht wirklich mehr daran, dass sich dieses Versprechen Gottes noch erfüllen würde.

Nach der Ankündigung des Mannes geschieht ein Szenenwechsel. Der Blick fällt auf Sara, die im Zelt gesessen und dem Gespräch gelauscht hatte. Auf einmal steht sie im Mittelpunkt, schließlich ist sie diejenige, die nun doch noch Mutter werden sollte. Und das zu hören, klang für sie so absurd, dass sie intuitiv anfing zu lachen. „Das ist doch unmöglich!", muss sie wohl gedacht haben. „Ich bin doch viel zu alt und habe die Wechseljahre schon hinter mir! So ein Blödsinn, den dieser Fremde da erzählt. Wahrscheinlich denkt er, ich wäre noch eine junge und gebärfähige Frau. Gut, dass ich im Zelt geblieben bin."

Sie lachte in sich hinein.

Ihr Kichern hörten die Gäste durch die Zeltwand und auch wie sie wohl mehr zu sich selbst sagte: *Jetzt, wo ich so alt bin, soll ich noch einmal sexuelle Gelüste und Empfindungen haben?'* und *,Mein Herr ist ja auch nicht mehr der Jüngste …'*

Über das Sexualleben der beiden Senioren lässt sich spekulieren, aber da Sara die Liebeslust infrage stellt, war es sicher nicht mehr sehr aktiv. Insofern war das Ganze, die Vorstellung im betagten Alter ein Kind zu bekommen, eine kuriose Situation.

„Warum lacht Sara?", griff der Engel die Situation auf.

Ich kann die Gefühle und die Reaktion von Sara sehr gut verstehen. Ihre Reaktion ist geradezu menschlich. Vielleicht fragte sich der Engel, als er die Frage stellte, aber auch: „Lacht sie etwa mich aus? Hat sie noch nicht gemerkt, wer ich bin? Und warum glaubt sie nicht, dass sie, wenn Gott es verheißt, auch noch im hohen Alter ein Kind bekommen kann?" Doch der Engel ließ sich nicht beirren und fügte hinzu: *„Sollte dem Herrn (der das verheißen hat) etwas unmöglich sein?"*

Der Engel fing nicht an, mit Abraham oder Sara zu diskutieren. Er machte ihr auch keine weiteren Vorwürfe, er fragte einfach nur verwundert nach, weil er eben aus einer ganz anderen Welt und Sichtweise heraus agierte. Stattdessen wiederholte er einfach seine Botschaft: *„Um diese Zeit, in einem Jahr, will ich wieder zu dir kommen; dann soll Sara einen Sohn haben."*

Nur eine Botschaft, ein klarer Impuls, ist eines der wesentlichen Merkmale einer Engelsbegegnung, eines himmlichen Impulses.

Dennoch: Sara fing an zu argumentieren und wollte sich rechtfertigen. Und weil sie Angst hatte vor diesem unheimlichen Fremden, vielleicht auch weil sie sich schämte, log sie und behauptete: *„Ich habe nicht gelacht!"*

Warum war die Tatsache, dass Sara gelacht hatte, offensichtlich ein Problem für sie? Wenn wir über etwas lachen, dann nehmen wir eine Angelegenheit scheinbar nicht ernst. Der italienische Schriftsteller Umberto Ecco hat mit *„Der Name der Rose"* einen wunderbaren Roman geschrieben, der ein Welterfolg wurde. In dem Buch geht es unter anderem um einen Mönch, der gleichzeitig der Bibliothekar der altehrwürdigen Klosterbibliothek ist. In deren Fundus befindet sich ein Buch über das Lachen. Der Mönch ist allerdings ein Fanatiker, der davon ausgeht, dass Lachen Sünde ist. Er glaubt, dass, wenn ein Mensch lacht – er sich über etwas lustig macht und unter Umständen sogar über Gott lacht –, er Gott dann auch nicht mehr ernst nimmt. Deshalb vergiftet er die Seiten dieses in seinen Augen verbotenen Buches, damit jeder, der darin beim Umblättern die Daumen befeuchtend liest, gewissermaßen durch das Lesen stirbt. Das hat eine Reihe von mysteriösen Todesfällen unter den Klosterbrüdern zur Folge, die alle einen schwarzen Daumen und eine schwarze Zunge haben.

Von dem Psychoanalytiker Sigmund Freud stammt der Satz: „Wer lacht, legt seine Waffen ab!" So ist denn auch die Reaktion von Sara ja nicht als gotteslästernd, sondern als grundehrlich zu verstehen; es brach einfach aus ihr heraus. Das, was der Fremde da versprochen hatte, war für sie einfach nur zum Lachen. Aber als sie merkte, dass der Fremde scheinbar viel mehr war als einfach nur ein durchreisender Gast, schämte sie sich und behauptete: *„Ich habe nicht gelacht!"* Doch der Engel ließ sich von ihrer Verneinung nicht beeindrucken. Klar und gradlinig hielt er Sara den Spiegel vor und sagte: *„Es ist nicht so, du hast gelacht!"* Punkt! Keine weitere Diskussion! Und dabei blieb es. Weder verurteilte er Sara noch wertete er ihr Lachen ab; er stellte einfach nur fest: *„Du hast gelacht!"*

Diese schöne, wie ich finde, und durchaus humorvolle Engelsbegegnung ist mit einem Ort verbunden: dem Hain, einem kleinen Eichenwald, von Mamre.

Ein jüdischer Rabbi wurde eines Tages gefragt, welchen Gegenstand er aus einem brennenden Haus retten würde, wenn er nur eine einzige Sache mitnehmen könnte. Da antwortete dieser: „Ich würde das Feuer retten!"

3.

Gesandte, die Altlasten gegen Himmlisches tauschen

Jakob und die Himmelsleiter

Eine weitere, sehr eindrückliche Engelsbegegnung ist ebenfalls mit einem ganz bestimmten Ort verbunden. Zu finden ist sie im ersten Buch Mose, Kapitel 28: Jakob, einer der Söhne Isaaks, war auf der Flucht. Er hatte seinen Vater Isaak aufs Übelste getäuscht und belogen, und er hatte seinen älteren Bruder Esau um dessen Erstgeburtsrecht gebracht. Den Segen des Vaters, der nur dem Erstgeborenen zustand, hatte Jakob sich durch eine List erschlichen. Das war Verrat! Deshalb hatte Esau geschworen, ihn umzubringen.

Auf seiner Flucht kam Jakob eines Abends an einen Ort zwischen Beerscheba und Haran, der ihm für die Nacht geeignet schien. Er legte sich, gewissermaßen als Kopfstütze, einen Stein hinter seinen Kopf und schlief ein. Kaum eingeschlafen, begann er auch schon zu träumen. Er sah eine riesige, breite Treppe, die von dem Ort, an dem er sein Nachtlager aufgeschlagen hatte, bis in den Himmel führte. Auf dieser Treppe herrschte reges Treiben: Engel, wohin das Auge sah. Einige stiegen die Treppe hinauf und andere kamen von oben herunter auf die Erde.

Ein eindrucksvolles Bild, das die Bibel uns schildert und das in den nachfolgenden Jahrhunderten viele Künstler, vor allem Maler, inspiriert hat. Heute würden wir vermutlich sagen: Jakob sah ein Portal, eine Öffnung in die himmlischen Dimensionen, eine Möglichkeit, von dieser Erde in diese ganz andere Welt zu gelangen und umgekehrt. Das Treiben auf der Leiter war wie ein ständiger Fluss, ein Kommen und Gehen. Fließende Energie, durchlässig, mit Impulsen aus und in die jeweilige andere Dimension.

Orte, an denen man auf besondere Weise die Präsenz des Göttlichen spüren kann, die gibt es. Manche Kirchen und Wallfahrtskapellen sind an solchen uralten Kraftorten errichtet worden. Doch auch mitten in der Natur, am Meer oder auf dem Gipfel eines Berges kann man sie spüren; es sind besondere Orte.

Martins Beach – eine kleine Bucht unterhalb von San Francisco – war für uns als Familie solch ein Ort. Mit seinen bizarren Felsen, bewachsen von Algen, die aus dem Pazifik ragen, und seinen schroffen Abhängen strahlte dieser Ort eine ganz besondere Kraft und zugleich Ruhe aus. Einmal konnten wir zwischen den Felsen einheimische Indianer bei einer kleinen religiösen Zeremonie beobachten. Offensichtlich waren wir nicht die Einzigen, bei denen diese Bucht erhabene Gefühle auslöste. Leider wird diese Bucht mittlerweile kommerziell ausgeschlachtet und hat viel von ihrem ursprünglichen Charme eingebüßt.

Besonderen Orten, die eine Art Kraft ausstrahlen, sind wir immer wieder begegnet. Ob in den Canyons des nordamerikanischen Südwestens, in Israel und Jordanien oder bei uns zu Hause – Orte, die uns auf einmal zur Ruhe kommen und durchatmen lassen, finden sich überall auf der Welt.

„Da hatte er einen Traum: Siehe, eine Treppe stand auf der Erde, ihre Spitze reichte bis zum Himmel. Und siehe: Auf ihr stiegen Engel Gottes auf und nieder" (1. Mose 28,12).

Als Jakob dieses unglaublich spannende Bild vor sich sah, spürte er auf einmal die Nähe Gottes ganz besonders. Eine Nähe, die in keiner Weise etwas Bedrohliches hatte, sondern verbunden war mit einer verblüffenden und überraschenden Nachricht. Gott wiederholte nämlich im Kern die Verheißung, die er schon Abram und Sarai gegeben hatte: „Das Land, auf dem du gerade übernachtet hast, will ich dir und deinen Nachkommen als Heimat geben und deine Nachkommen werden so zahlreich sein wie der Staub auf der Erde." Doch er ergänzte sie nun mit einem überraschenden Zusatz: „An der Art und Weise, wie sich die Menschen dir und deinen Nachkommen gegenüber verhalten, wird sich deren Glück und Segen entscheiden." Nach menschlichem Ermessen eine völlig ungerechte und fragwürdige Entscheidung. Dies alles sollte dem Mann zuteilwerden, der gerade seinen Vater belogen und betrogen und seinen Bruder Esau auf schäbigste Weise hintergangen hatte.

Aber scheinbar spielte die Vergangenheit keine Rolle mehr. Die Kraft dieses Segens war größer als alle Vergehen, die sich Jakob geleistet hatte. Was für eine ungeheuerliche Botschaft!

Offensichtlich bedurfte es einer hohen Menge an Engelsenergie, um so etwas, solch eine Wendung, zu ermöglichen.

Jemand hat einmal gesagt: „Gott kann auch auf krummen Linien gerade schreiben!" Wenn ich mir diese und andere Erzählungen der Bibel zu Gemüte führe, habe ich den Eindruck: „Gott muss auf krummen Linien gerade schreiben, denn andere gibt es meist nicht."

Die Himmelstreppe oder Himmelsleiter, auf der die Engel auf- und absteigen, ist für mich ein Bild, das für eine unglaublich stark pulsierende göttliche Energie steht. Vielleicht könnte man diesen kraftvollen Energiefluss vergleichen mit der Herstellung der Kryptowährung Bitcoin. Um einen Bitcoin herzustellen, bedarf es eines ungeheuren energetischen Aufwands in Form eines sehr schnellen Rechners, einer extrem leistungsfähigen Grafikkarte und eines großzügigen Strombedarfs. Genauso bedurfte es wohl eines ungeheuren energetischen Austausches von negativen (Fluch-)Schwingungen, die von den Himmelsboten von der Erde weggetragen wurden, durch positive (Segen-)Schwingungen, die von den Himmelsboten auf die Erde getragen wurden, um für diesen Halunken Jakob solch einen weitreichenden, alles umfassenden Segen zu generieren.

Sicherlich war dieser Traum jedoch auch ein Bild

dafür, dass sich die positiven und negativen Kräfte in einem ständigen Austausch und Kampf befunden haben und befinden. Ein Kampf, den Jakob später noch an einer Biegung des Flusses Jabbok am eigenen Leibe erfahren sollte. Jedenfalls spürte Jakob, dass hier etwas Ungeheuerliches geschehen war, denn er war zutiefst erschrocken, als er aufwachte und stammelte: *„Wirklich, der Herr ist an diesem Ort und ich wusste es nicht"* (1. Mose 28,16). Jakob schüttelte sich und erkannte: „Dieser Ort ist ein Ort, an dem Gott gegenwärtig ist. Was für ein Zufall! Ich wusste das nicht." Sein *„Ich wusste es nicht!"* klingt ein wenig hilflos und naiv. Es ist vielleicht die gleiche Hilflosigkeit, mit der wir rückblickend hin und wieder die Spuren Gottes in unserem Leben entdecken. So wie es Margaret Fishback Powers in ihrem berühmten Gedicht beschreibt:

Spuren im Sand

Eines Nachts hatte ich einen Traum:
Ich ging am Meer entlang mit meinem Herrn.
Vor dem dunklen Nachthimmel
erstrahlten, Streiflichtern gleich,
Bilder aus meinem Leben.
Und jedes Mal sah ich zwei Fußspuren im Sand,
meine eigene und die meines Herrn.

Als das letzte Bild an meinen Augen
vorübergezogen war, blickte ich zurück.

Ich erschrak, als ich entdeckte,
dass an vielen Stellen meines Lebensweges
nur eine Spur zu sehen war.
Und das waren gerade die schwersten
Zeiten meines Lebens.

Besorgt fragte ich den Herrn:
„Herr, als ich anfing, dir nachzufolgen,
da hast du mir versprochen,
auf allen Wegen bei mir zu sein.
Aber jetzt entdecke ich,
dass in den schwersten Zeiten meines Lebens
nur eine Spur im Sand zu sehen ist.
Warum hast du mich allein gelassen,
als ich dich am meisten brauchte?"

Da antwortete er: „Mein liebes Kind,
ich liebe dich und werde dich nie allein lassen,
erst recht nicht in Nöten und Schwierigkeiten.
Dort, wo du nur eine Spur gesehen hast,
da habe ich dich getragen."[2]

Wie Jakob erschrecke ich hin und wieder über meine
eigene Gedankenlosigkeit, über meinen mangelnden
Glauben, der im Hier und Jetzt das Handeln Gottes
übersieht. Aber es ist gut, wenn wir erschrecken oder
besser gesagt „aufschrecken" und es bekennen: Hier ist
Gott am Werk, hier fließt seine Energie, hier findet ein
Austausch von Fluch durch Segen statt.

Am Sterbebett eines Menschen kann es beispielsweise geschehen, dass dieser Austausch, dieses Kraftfeld des Heiligen Geistes seine Wirkung entfaltet. Da hat eine Mutter ihr Leben lang einen Schmerz, eine Lebenslüge oder eine Verletzung mit sich getragen und für sich behalten. Wann immer die Familie zusammenkam, durften bestimmte Themen nicht angesprochen werden, weil es dann sofort zum Streit kam. Weihnachten wurde für sie zu einem wahren Spießrutenlauf, denn sie sah im Blick ihrer Tochter den Schmerz und die Anklage:

„Warum hast du geschwiegen? Warum bist du nicht eingeschritten, als mein Vater mich sexuell missbrauchte?"

Nun, erst auf ihrem Sterbebett, lange nach dem Tod des Peinigers, konnten Mutter und Tochter endlich zueinanderfinden und darüber reden. Viele Tränen flossen. Endlich war Raum für die Fragen und die Anklage der Tochter. Endlich konnte die Mutter zwar stockend, aber dennoch frei und offen reden.

„Kannst du mir vergeben?", so lautete die Frage, die im Raum stand. Und auf einmal stand der Himmel offen und die Engel trugen im steten Wechsel den Fluch von der Erde und den Segen auf die Erde hin zu dem Kranken- und Sterbebett der Mutter, hin zu der traurig verletzten Tochter.

Jakobs Erschrecken verwandelte sich in Ehrfurcht, denn er erkannte in dem Ort, an dem er übernachtet hatte, ein Portal in eine ganz andere, in die himmlische Welt – das „Tor des Himmels". *„Er war ganz erschrocken und sagte: ‚Man muss sich dieser Stätte in Ehrfurcht nähern. Hier ist wirklich das Haus Gottes, das Tor des Himmels!'"* (1. Mose 28,17; GNB).

Engel möchten uns genau dabei helfen, dass wir dem Haus Gottes mit Ehrfurcht begegnen. Nun ist ja Ehrfurcht ein ziemlich altes Wort, das uns in unserem Sprachgebrauch eher selten begegnet. Ich las es unter anderem im Eingangsbereich einer großen, gepflegten Gaststätte. Dort stand:

„Das täglich Brot! Heilig war uns einst das Brot in den Zeiten höchster Not und man ging von Tür zu Tür, zahlte jeden Preis dafür. Diese Zeit war hart und schwer, daran denkt der Mensch nicht mehr. Vor dem Brot der Erde Gaben soll ein jeder Ehrfurcht haben."

Menschen, die Hunger und den Krieg miterlebt haben, haben eine ganz andere Beziehung zu Nahrungsmitteln. Auch wissen sie die Zeit des Friedens, in der wir seit über 75 Jahren in unserem Land leben dürfen, ganz anders zu schätzen, als jemand, der solche Zeiten nie erleben musste.

Mir fällt in diesem Zusammenhang das Wort „Respekt" ein. Dieses Wort kennen wir: Wir haben Respekt vor der Leistung eines anderen. Wenn jemand seinen Job wirklich gut macht, dann haben wir Respekt. Die Eltern, die Vorgesetzten, die Befehlshaber fordern unseren Respekt. Wir erwarten, dass andere unsere Privatsphäre respektieren. Und während wir diesem Wort nachspüren, merken wir, dass mit Ehrfurcht doch viel mehr zum Ausdruck kommt …

Ehrfurcht ist ein religiöser Begriff, der uns verstummen lässt und dem wir uns nur behutsam nähern. Ich habe Ehrfurcht vor dem Tod. Ich habe Ehrfurcht vor der Präsenz des lebendigen Gottes, beispielsweise im Abendmahl. Ich habe Ehrfurcht vor einem Menschen, in dem das Wirken Gottes so sichtbar wird, dass er oder sie eine heilsame Aura verströmt. „Ehre", die ich der Situation oder der Person erweisen möchte, und „Furcht", weil ich spüre, dass mir hier etwas zuteilwird, was ich nicht verdient habe: Gnade und Barmherzigkeit. „Furcht" aber auch, weil wir im Göttlichen auch immer dem ganz anderen, dem Unberechenbaren begegnen.

Wie in dem vorhin zitierten Gedicht aus der Gaststätte gehören die Begriffe „heilig" und „Ehrfurcht" unbedingt zusammen. Allerdings leben wir in Zeiten, in denen uns das Gespür für das Heilige wohl gänzlich abhandengekommen ist.

Erst der Klimawandel und die Corona-Krise werden uns vermutlich lehren, den Naturgewalten voller Ehrfurcht zu begegnen.

Jakob stand am frühen Morgen auf und stellte den Stein, den er hinter seinen Kopf gelegt hatte, als Steinmal auf und begoss es mit Öl. Er weihte es und nannte den Ort „Bet-El", das bedeutet „das Haus Gottes". Und nachdem er den Ort, der früher „Lus" hieß, umbenannt hatte, antwortete er auf den Segen Gottes mit einem Glaubensbekenntnis und einem Gelöbnis:

„Wenn Gott mit mir ist", sagte er, *„und mich auf diesem Weg, den ich gehe, behütet, wenn er mir Brot zum Essen und Kleider zum Anziehen gibt, wenn ich wohlbehalten heimkehre in das Haus meines Vaters, dann wird der Herr für mich Gott sein und dieser Stein, den ich als Steinmal aufgestellt habe, soll ein Gotteshaus werden. Von allem, was du mir gibst, will ich dir gewiss den zehnten Teil geben"* (1. Mose 28,20–22).

Der himmlische Kraftakt der Engel hatte Erfolg. Der Austausch von Fluch gegen Segen ist vollendet; Jakob wird schließlich zu einem der Urväter des Glaubens. Und wenn wir heute noch in unseren Gemeinden die Tradition des Zehnten pflegen, dann tun wir das in Erinnerung an Bet-El, jenen Ort, an dem Jakob die Himmelsleiter mit den auf- und absteigenden Engeln erblicken durfte.

4.

Ein Esel wird zum Engel

Bileam und die sprechende Eselin

Eine Geschichte nach Numeri 22,1–35.
Eine Eselin erzählt:

Was kann ich dafür, dass sich mein Herr und Besitzer in schlechte Gesellschaft begeben hat? Auf jeden Fall waren da diese beiden Männer aus Moab, die eines Tages im Auftrag eines fremden Herrschers zu meinem Propheten kamen und ihn baten, sie zu begleiten. Entgegen allen himmlischen und irdischen Empfehlungen ging er mit ihnen und ich musste ihn tragen.

Kaum hatten wir uns auf den Weg gemacht, stand da plötzlich eine furchterregende Gestalt mit einem großen, gezückten Schwert vor uns. Sie versperrte uns den Weg. Die anderen wollten einfach weiterreiten; ich kapierte das nicht. Natürlich bin ich ausgewichen, ich sah nur noch diese Gestalt, ihren grimmigen Blick und das gezückte Schwert.

Bileam, so heißt mein Prophet, fing an zu fluchen: ,Du blöder Esel, bleib gefälligst auf dem Weg. Meinst du, ich will mir in dem Gestrüpp die Haut aufreißen!' So schimpfte er und schlug auf mich ein. Er zog und zerrte an meinem Halfter. Aber es half ja nichts. Ich hatte Angst und Respekt vor diesem Krieger, der offensichtlich nicht bereit war, uns passieren zu lassen. So ertrug ich die Schmerzen, die Bileam mir zufügte, mit ‚Eselsgeduld'. Es gab ja auch keine andere Möglichkeit: entweder die Schläge auf meinem Rücken ertragen oder von diesem riesigen Schwert abgeschlachtet werden.

‚Du blöder, sturer Esel', hörte ich meinen Reiter schimpfen, während wir durchs Gebüsch brachen. Ja, das kannte ich schon mein ganzes Leben lang. Immer, wenn wir Esel nicht so parierten, wie unsere Besitzer es wollten, wurden wir wüst beschimpft. Und je mehr Bileam wütend auf mich einschlug, desto schneller trabte ich durch die Sträucher und machte einen Riesenbogen um dieses Ungeheuer. Ganz offensichtlich hatte jemand etwas dagegen, dass mein Besitzer und seine Begleiter unterwegs nach Moab waren.

Nachdem ich uns durchs Gestrüpp und Felsengeröll einigermaßen den Weg gebahnt hatte, kamen wir in eine wunderschöne Landschaft voller Weinberge, die sorgfältig angelegt waren. Zwischen ihnen gab es schmale Hohlwege, die links und rechts von Mauern befestigt waren. Und während wir an den Hängen die Früchte und die Reben bewunderten, stand plötzlich wieder diese Gestalt mitten im Weg.

Meine Güte, was hab ich mich erschrocken! Platz zum Ausweichen war da keiner mehr. Deshalb habe ich versucht, uns an diesem Ungetüm an der linken Mauer noch vorbeizuquetschen. Da hättet ihr mal meinen Propheten hören und sehen sollen. Der flippte richtig aus, fluchte und drosch auf mich ein. Schließlich hatte ich ihm das linke Bein etwas eingequetscht, sonst hätte ich uns ja nicht an diesem Krieger vorbeimogeln können. Doch dann fiel mir auf, dass hier irgendetwas ganz und gar nicht stimmte. Scheinbar konnten mein Reiter und seine beiden Begleiter die Gefahr, die sich uns entgegenstellte, gar nicht erkennen. Ich war wohl die Einzige, die halbwegs vernünftig reagierte.

Langsam dämmerte es mir: Ich war tatsächlich die Einzige, die diesen ... na ja, was war es wohl ... diesen ‚Racheengel' oder ‚Weg-Versperrer' überhaupt sehen konnte. Ganz schön unheimlich dachte ich so bei mir, aber ich hatte mich ja erfolgreich (vorbei-)gedrückt und nun war der Weg wieder frei. Vorerst ... denn wenig später gelangten wir an eine felsige Stelle, die so eng war, dass immer nur eine Person hindurchgehen konnte.

Und natürlich stand da prompt wieder dieser Engel mit seinem Schwert. Nun wusste auch ich keinen Rat mehr. Einen Umweg einzuschlagen, war nicht möglich. Ausweichen und sich an der Felswand vorbeidrücken, ging auch nicht. Also habe ich das getan, was wir Esel einfach tun, wenn wir nicht weiterwissen: Wir gehen in die Hocke und warten ab, was passiert.

Da ist mein Besitzer komplett ausgerastet. Er drosch mit dem Stock so sehr auf mich ein, dass dieser splitternd davonflog. Da konnte ich nicht mehr anders ...

Von uns Eseln beherrschen manche eine Fremdsprache. Das lassen wir die Menschen natürlich nicht wissen. Es ist immer gut, wenn man unterschätzt wird; das eröffnet viele überraschende Möglichkeiten. Doch ich musste endlich herausfinden, was hier eigentlich los war, deshalb öffnete ich das Maul und fuhr ihn an: ‚*Was habe ich dir getan, dass du mich jetzt schon zum dritten Mal schlägst?*‘ Er hätte doch sehen müssen, was hier los war. Dass da ein Krieger vor uns stand und er uns hätte davon weglenken müssen. Schließlich war er der Prophet. Aber nichts davon! Er war nicht einmal erstaunt darüber, dass ich, seine Eselin, sprechen konnte. Stattdessen brüllte er mich nur an:

‚Ich bin sauer, weil du dich scheinbar über mich lustig machst, du verhöhnst mich und machst ständig irgendwelche blöden Aktionen wie ins Gebüsch ausweichen oder mein linkes Bein an der Mauer zerquetschen. Ich bin richtig sauer auf dich. Was ist eigentlich los mit dir? Bist du bescheuert, nicht mehr ganz richtig im Kopf? Wenn ich ein Schwert bei mir hätte, dann würde ich dich jetzt abstechen und auf der Stelle notschlachten.‘

So böse war der zu mir!

Ich hätte allen Grund gehabt, für den Rest meines Lebens zu schmollen und nie wieder diesen Blödmann durch die Gegend zu tragen. Aber wir Esel sind eben nicht nur stur, sondern auch treu und harmoniebedürftig. Deshalb hörte ich mich sagen: ‚*Glaubst du allen Ernstes, dass ich dich verhöhne? Ich bin doch deine Eselin, die dich seit vielen Jahren trägt und erträgt, ist es nicht so? Und habe ich mich jemals so benommen wie heute?*‘

Darauf antwortete Bileam ein wenig kleinlaut: ‚Nein!‘

Von Zeit zu Zeit brauchen die Menschen jemanden, der ihnen ganz ehrlich den Spiegel vorhält und ihnen deutlich macht, wenn sie auf dem Holzweg unterwegs sind, dass sie falsch handeln oder dass sie andere schlecht behandeln. Wohl dem Menschen, der solch ein Gegenüber hat – und sei es nun eine einfache Eselin wie ich, die scheinbar stur und uneinsichtig das wiederholt, was sie als lebensrettend erkannt hat. Für die Menschen sind solche Momente, in denen es ihnen wie Schuppen von den Augen fällt, wahre Schlüsselmomente, weil sie auf einmal zu einer ganz neuen Einsicht kommen.

So auch Bileam. Auf einmal konnte auch er das Ungeheuer mit dem Schwert sehen, wie es drohend und abweisend mitten im Weg stand. Und er hat wohl auch gleich erkannt, dass dies nur ein Himmelsbote, ein Engel, sein konnte, denn er warf sich auf die Knie und beugte sein Gesicht tief hinunter bis auf den Boden. Im Grunde ist ihm auch nicht viel mehr eingefallen als mir, aber natürlich … er war ja der Prophet.

Dieser Engel fing jetzt an zu reden, und was er sagte, ging bei mir runter wie Öl: ‚Warum hast du deine Eselin dreimal verdroschen wie ein Bekloppter? Ich habe dir den Weg versperrt, weil der Weg, den du mit deinen Begleitern eingeschlagen hast, ins Unheil führt. Im Gegensatz zu dir hat mich deine Eselin wahrgenommen und ist mir dreimal ausgewichen. Kluges Tier! (*Hach, das war schön.*). Wenn sie mir nicht ausgewichen wäre, dann hätte ich dich schon längst erstochen und sie am Leben gelassen. Es ging also nur um dich!'

Klartext hat er geredet, dieser Engel. Das ist wohl das Kennzeichen einer Engelsbotschaft. Engel machen keine großen Worte, sie reden nicht um den heißen Brei herum, sondern kommen gleich zur Sache. Sie sagen einfache Sätze wie *‚Fürchte dich nicht!'* oder *‚Friede sei mit euch!'*. Worte, die das Herz berühren und im Gedächtnis hängen bleiben. Und so sagte eben dieser Engel: ‚Ich habe dir den Weg versperrt, weil du dich auf einem schlechten Weg befunden hast!' Seine Worte waren ganz einfach klar und deutlich.

> *„Der Engel kommt ins Sein mit seinem Auftrag, er vergeht mit der Erfüllung seines Auftrags, denn seine Existenz ist Botschaft."*[3]
> Claus Westermann

Für doppeldeutige Aussagen haben Engel keine Zeit. Das verstand auch Bileam, und zwar sofort, und er war bereit, auf der Stelle umzukehren: ‚Ich habe gesündigt, ich habe mich falsch verhalten, weil ich nicht erkannt habe, dass du dich mir in den Weg gestellt hast, und deshalb werde ich sofort umkehren, wenn du der Meinung bist, dass dieser Weg, den ich eingeschlagen habe, böse ist!'

Na ja, dachte ich mir, so richtig begriffen hatte mein Prophet ja nicht, was er sich da geleistet hatte. Sein

Fehlverhalten lag ja nicht in erster Linie darin, dass er den Engel nicht gesehen hatte, sondern dass er es überhaupt gewagt hatte, mit den beiden Kundschaftern aus Moab mitzugehen. Aber wie dem auch sei, er war nun reu- und demütig sowie bereit umzukehren. Das konnte mir nur recht sein, schließlich hatte ich keine große Lust, ständig ausweichen zu müssen und mich dafür schlagen zu lassen. Doch zu meiner Überraschung sagte der Engel etwas ganz anderes. Er befahl (!) Bileam, mit den Moabitern mitzugehen, aber nicht zu reden und nur das zu sagen, was der Engel ihm ‚auf die Zunge‘ legen würde. Die Empfehlung des Engels lautete, sprich nur noch ‚mit Engelszungen‘. Das war, finde ich, ein sehr guter Rat, nachdem er mich die ganze Zeit beschimpft und ziemlich viel Unsinn geredet hatte.

Wenn viel mehr Menschen auf die Engel hören und sensibel darauf achten würden, *wie* und *was* sie *wann* sagen oder vielleicht sogar im Internet ‚posten‘, dann wäre es sicher ein wenig besser bestellt um unsere Welt.“

Die Eselin

Bileam, der Prophet, war allen wohlbekannt.
Er zog mit fremden Boten in ein fremdes Land,
ritt auf seiner Eselin, wie er es immer tat.
Doch diesmal war sie störrisch und wich ab vom Pfad.

Da wurde Bileam zornig und er schlug auf sie ein.
„Was ist mit dir, du blödes Vieh?", so hörte sie ihn schrei'n.
Doch sie sah einen Engel, der mit gezücktem Schwert
brutal den Weg versperrte, darum machte sie kehrt.

Bileam sah den Engel nicht und trieb sie weiter an,
zwischen Mauern auf dem Weg sah sie den Schwertermann,
sie drängte an die Mauer und quetschte Bileams Bein,
und der Prophet schlug voller Zorn auf seinen Esel ein.

Der Weg wurde nun ziemlich eng und niemand kam vorbei
an diesem großen Flammenschwert, das sah die Eslin ein,
drum ging sie in die Hocke und Bileam mit ihr,
er hieb sie mit dem Stocke, verdrosch das arme Tier.

Da fing sie an zu reden und fragte Bileam:
„Was drischst du auf mich ein voll Wut und voller Gram?"
Da fing er an zu sehen den Engel, die Gefahr,
und fing an zu verstehen, was hier geschehen war.

So mancher Esel sieht wohl, was andre übersehn,
so mancher Einfaltspinsel sieht sie am Wege stehn,
die Engel, die uns helfen, den richtgen Weg zu gehn,
und die zu allen Zeiten an unsrer Seite stehn.

Ein Esel wird zum Engel, die Bibel zeigt Humor,
und der, der sich Prophet nennt, benimmt sich wie ein Tor.
Die Ersten sind die Letzten, der Arme gilt als reich,
es sind verkehrte Welten in Gottes Himmelreich.

Text: *Clemens Bittlinger*

5.

Wenn ein einfacher Rat Heilsames enthält

Naeman und die Kunst, Gott zu vertrauen

„Wenn er doch nur den Propheten in meiner Heimat kennen würde, der würde ihm sicher helfen!", seufzt die junge Magd im Haus des angesehenen Feldherrn Naeman. Naeman ist ein erfolgreicher Soldat, beliebt bei den Leuten und hat eigentlich alles erreicht, was ein Mensch sich nur wünschen kann. Und doch hat er ein riesiges Problem: Naeman ist sehr krank, er hat Aussatz.

Normalerweise bedeutete diese Diagnose damals Verbannung. Menschen, die aussätzig waren, mussten sich von allen anderen fernhalten, so war es üblich, denn diese Krankheit war ansteckend. Nur jemand, der unbedingt gebraucht wurde, nur jemand, der reich war und entsprechende Beziehungen hatte, wurde in der Gesellschaft noch halbwegs geduldet, wurde andererseits aber auch misstrauisch beäugt und beobachtet. Insofern war Naeman jemand, der eigentlich allen Grund hatte glücklich zu sein, wenn es eben nicht dieses eine Problem gegeben hätte.

Eine junge jüdische Dienerin, die als Kriegsgefangene

nach Syrien verschleppt worden war, hat Mitleid mit ihrem kranken Dienstherrn. Sie erzählt seiner Frau bei einer Gelegenheit davon, dass es in ihrer Heimat einen Propheten gibt, der ihm zu neuem Lebensglück verhelfen und ihn wohl heilen könne. Wie ein Engel wird die Dienerin für Naeman zu einer Botin, eine Übermittlerin einer heilsamen Botschaft.

Ein Hoffnungsschimmer! Ein Schubs zu einem neuen Aufbruch! Und der Hauptmann lässt sich anschubsen, denn was hat er schon zu verlieren? Er macht sich auf, um endlich gesund zu werden, und zieht los. Doch als er am Haus des Propheten ankommt, nimmt sich dieser noch nicht einmal Zeit für ihn, sondern lässt ihm einfach nur ausrichten: „Tauche siebenmal im Jordan unter, dann wirst du gesund!"

Naeman ist es nicht gewohnt, solch klare Anweisungen wie diese zu erhalten. Als Hauptmann so behandelt zu werden, ist ein Affront. So kann man doch nicht mit ihm umspringen! Dieser Prophet, dieser Elija, weiß offenbar nicht, wen er da vor sich hat!

„Ich dachte, er würde herauskommen, den Namen seines Gottes anrufen, eine große Zeremonie abhalten und mit der Hand über die kranken Stellen fahren, stattdessen lässt er mir von seinem Diener ausrichten, ich solle sieben Mal in irgendeiner Dreckbrühe untertauchen!" Naeman ist zutiefst verletzt.

„Da hätte ich auch zu Hause bleiben können, da haben wir auch Flüsse und deren Wasserqualität ist bestimmt besser als die des Jordan."

Naeman genießt sonst mindestens eine Chefarzt-behandlung inklusive Einzelzimmer – und nun soll er sich nach einer langen, beschwerlichen Reise so etwas gefallen lassen?

Ich kann seinen Ärger sehr gut verstehen. Gerade wenn ich eine schlimme Krankheit habe, gerade wenn ich ein Riesenproblem zu bewältigen habe, erwarte ich doch etwas mehr Empathie. Und wenn dann auch noch eine anstrengende Reise hinter mir liegt und ich endlich am Ziel angelangt bin, möchte ich doch irgendwie belohnt werden für all das, was ich geleistet habe.

Dass Naeman sich nicht ernst genommen fühlt, ist für mich nachvollziehbar. Soll das wirklich alles sein? Diese läppische Anordnung „Tauche siebenmal im Jordan unter"? Das kann und das darf doch nicht wahr sein! Natürlich ist sein Stolz verletzt. So lässt er doch nicht mit sich umspringen. Beleidigt zieht Naeman wieder ab.

Zum Glück hat Naeman Freunde. Er muss wirklich ein guter Hauptmann gewesen sein, denn seine Unter-gebenen haben den Schneid, ihm zu widersprechen und ihn in die richtige Richtung zu schubsen.

Ich habe die Erfahrung gemacht, dass uns Schubs-engel des Öfteren in den klaren Ansagen unserer Freunde begegnen.

„Jetzt haben wir schon die weite Reise unternommen, was hast du zu verlieren, Naeman? Hätte er irgendet-was Großes, etwas Kompliziertes von dir gefordert, du wärst bereitwillig darauf eingegangen. Du hättest vier-zig Tage gefastet, dich einer aufwendigen und schmerzhaften Therapie unterzogen, ja, du wärst sogar bereit gewesen, über Scherben und glühende Kohlen zu laufen, wenn er dir das empfohlen hätte. Und jetzt fordert er nur etwas ganz Simples von dir und du weigerst dich, weil es dir zu einfach erscheint?"

„Just do it" (auf Deutsch: Tu es einfach!), dieser bekannte Slogan eines amerikanischen Sportartikelherstellers steht auf meiner Matte, auf der ich regelmäßig meine Dehnübungen mache. Auch wenn ich unterwegs bin, in Hotels übernachte, habe ich diese Matte hin und wieder dabei. Ich merke, wie gut es mir tut, wenn ich der einfachen Aufforderung Folge leiste und es einfach tue: die Matte ausrollen und meine Übungen machen.

Tu es einfach – auch diese ganz kleine, einfache Aufforderung ist ein Schubser. Nur fällt uns vielleicht das Einfache oft deshalb so schwer, weil es uns als zu einfach erscheint. Dass etwas bloß unsere Zeit und unsere ganze Aufmerksamkeit braucht?

Ein Beispiel: Viele Menschen haben Übergewicht und ernähren sich ungesund. Daran etwas zu ändern, ist allerdings nicht wirklich schwierig. Man muss sich nur etwas Zeit nehmen, sich besser informieren, gezielt und in ganz bestimmten Läden einkaufen und das Essen anders zubereiten. Auch angesichts der unter anderem durch die Corona-Krise zutage getretenen skandalösen Missstände in der Massentierhaltung und -schlachtung und deren Auswirkungen auf den Klimawandel wäre es sicher sinnvoll, ratsam und heilsam, dass wir unsere Ernährungsgewohnheiten grundsätzlich überdenken.

Stattdessen machen wir lieber irgendwelche Gewalt-kuren, malträtieren unseren Körper mit Tabletten und Medikamenten oder beginnen ungesund radikale Fas-tenkuren.

Das Einfache anzunehmen, fällt uns oft so schwer. In vielerlei Hinsicht.

Wie schwer fällt es uns beispielsweise, Fehler einzu-gestehen? Oder wie mühsam kämpfen wir mit dem Satz *„Es tut mir leid"*? Wir finden meist viele Gründe, in un-serer Trotzhaltung zu verharren. Oft ist es unser Stolz, der uns zwingt, recht behalten zu wollen, und der uns wie den Hauptmann Naeman daran hindert, das Nahe-liegendste zu tun, nämlich einen Fehler einzugestehen und so dem anderen eine Brücke zu bauen. Angenom-men, zwei sich nahestehende Personen streiten den gan-zen Tag lange und erbittert miteinander. Dann stellt sich doch irgendwann, wenn alle Argumente auf dem Tisch liegen, für beide die Frage: „Willst du weiter recht behal-ten oder einen schönen Abend verbringen?" Leider lau-tet die reflexartige Antwort auf diese Frage oft: „Ich will recht behalten!" – Wir sind als Menschen ganz schön kompliziert und selten offen für einfache Lösungen.

Jesus greift diesen Gedanken an anderer Stelle im Neuen Testament noch einmal auf. Mitten in einem Streitgespräch mit Gelehrten ruft er ein Kind herbei, stellt es in die Mitte und sagt sinngemäß: „Wenn ihr nicht zu einer Ursprünglichkeit zurückfindet, wie Kin-der sie haben, werdet ihr niemals verstehen, was es heißt, ein Kind Gottes zu sein!" (vgl. Matthäus 18,3).

Kinder sind erst einmal nicht kompliziert, sie sind offen, spontan und lieben das Einfache. Bis zu einem gewissen Alter verstehen sie auch keine Ironie. Für Kinder ist ein „Ja" ein „Ja" und ein „Nein" ein „Nein". Und wenn ich es als Erwachsener versuchen sollte, mich aus einer Zusage herauszuwinden, kommt ganz schnell der Satz: „Aber du hast es doch versprochen!"

Dieses Ursprüngliche, dieser Mut zum Klaren und Einfachen, ist ein Schlüssel zum Glück. Und so könnte jede Begegnung mit einem Kind für uns zu einem kleinen Schubser werden und uns an die Aussage Jesu erinnern: „Entdecke in dir selbst die Ursprünglichkeit eines Kindes, dann wirst du auch ganz neu das Leben, dein Leben, entdecken!"

Naeman lässt sich von seinen Freunden dazu anschubsen, umzukehren und der Anweisung des Propheten zu vertrauen. Er reitet zurück zum Jordan, steigt von seinem Pferd und taucht, vor den Augen seiner Vertrauten, siebenmal im Wasser des Flusses unter. So kann das Wunder geschehen: Seine Haut wird wieder „wie die eines Kindes" und er ist sicher nicht nur vom Aussatz geheilt.

6.

Der Weg raus aus dem Burn-out

Elija und der fürsorgende Schubsengel

Nimm, iss und trink …", mehr sagt der Engel nicht. Zu mehr ist Elija auch nicht fähig, denn er ist komplett am Ende. „Ausgebrannt" würden wir heute sagen. Nichts geht mehr, außer eben „essen, trinken und schlafen".

Dabei hatte seine Geschichte, die in 1. Könige 19 geschildert wird, so gut angefangen: Elija war euphorisch und stolz, er freute sich über seinen Erfolg. Allein hatte er die 450 Baals-Priester, die so überzeugt von ihren Göttern waren, besiegt. Sie hatten ihn verhöhnt und ihn ihre ganze Übermacht spüren lassen: 450 Liturgieprofis gegen einen einsamen, unbequemen „Rufer in der Wüste". Doch er hatte den Wettstreit gewonnen. Er hatte sie vernichtend geschlagen.

Man könnte meinen, all das würde Elija glücklich machen. Ich jedenfalls würde so einen Erfolg zumindest richtig feiern, ich würde meine Freunde einladen und mich bejubeln lassen. Immer und immer wieder würde ich davon erzählen, wie es mir mit Gottes Hilfe gelungen war, dieses Heer von Scharlatanen zu entlarven.

Elija hat für so etwas jedoch keine Zeit. Er ist ein Getriebener, der seinen Erfolg nicht genießen kann und darf, weil er verfolgt wird. Königin Isebel trachtet ihm nach dem Leben. Deshalb flieht er in die Wüste, gepackt von blanker Angst. Es ist wie ein Reflex: Er rennt um sein Leben.

In der Wüste angekommen übermannt ihn die Erschöpfung. Er setzt sich unter einen Wacholderstrauch und lässt seinem Frust freien Lauf. Heute würden wir sagen, er wird depressiv und wünscht sich nichts sehnlicher als den Tod: *„Nun ist es genug, Herr. Nimm mein Leben; denn ich bin nicht besser als meine Väter"* (1. Könige 19,4).

Der Wacholderbaum oder -strauch hat in der Bibel eine besondere Bedeutung. Er wird als Lebens- und Liebesbaum verstanden, so beispielsweise im Hohelied (1,17), wo Zedern und Wacholder das Haus der Liebenden bilden.

An anderer Stelle (Hosea 14,9) wird Jahwe mit einem immergrünen Wacholder, der zugleich als Fruchtbaum gedacht ist, verglichen. Insofern ist es ein besonderer Ort, den Elija sich da aussucht, um seinem Frust freien Lauf zu lassen.

Selbst an seinem Erfolg hat er keine Freude mehr. Er ist voller Selbstkritik: „... ich bin ja auch nicht besser als die anderen!" Erschöpft schläft er ein. Elija ist mit seinen Kräften am Ende, heute würden wir wohl sagen: Er hat ein Burn-out; er ist ausgebrannt. Jegliche Motivation ist ihm abhandengekommen. Er hat keine Lust mehr zu leben und würde am liebsten dort unter dem Wacholderstrauch liegen bleiben und nie wieder aufstehen.

Anhand dieser biblischen Erzählung lassen sich sehr gut die drei Phasen eines Burn-outs studieren, den Betroffene durchleben.

In der ersten Phase sind wir hoch motiviert, wir gehen engagiert und euphorisch an die Arbeit. Wir krempeln die Ärmel hoch und stürzen uns in die Arbeit. Anderen und uns selbst geben wir das Gefühl, dass es ohne uns nicht läuft.

Meist erkennen wir diese erste Phase eines Burn-outs nicht, weil wir ja scheinbar alles problemlos meistern – so wie Elija, der es gleichzeitig mit 450 Gegnern aufnimmt und diese scheinbar mühelos zu Fall bringt.

Diese 450 Gegner stehen für die Widrigkeiten, mit denen wir zu kämpfen haben, wenn wir etwas Neues auf den Weg bringen wollen. Vor allem gehören dazu die Bedenkenträger, die versuchen, uns zu bremsen oder gar ganz auszuschalten. Argumente wie „Das wird niemals funktionieren", „Das haben wir noch nie so gemacht", „Was ist, wenn es schiefgeht?", „Wer soll das bezahlen?", „Wer trägt die Verantwortung?" usw. kennen wir als „Gegner" alle, und es tut gut, sie zu überzeugen oder zu besiegen. Hinzu kommen noch die selbst gemachten Gegner: die eigenen Versagensängste und all jene Befürchtungen, die im Hintergrund versuchen, das, was ich vorantreiben möchte, zu verhindern. Sich diesen Gegnern zu stellen, dazu braucht man Power, Überzeugungskraft und viel Energie. Das kann (muss aber nicht) die erste Phase eines Burn-outs sein.

In der zweiten Phase werden wir unzufrieden. Wir stellen fest, dass das, was wir geleistet haben, nicht die gewünschte Resonanz hervorruft. Die, die wir erreichen wollten, haben wir scheinbar doch nicht erreicht. In der Erzählung zeigt sich das an der Reaktion der Königin und dem Rückzug (der Flucht) Elijas: Wir distanzieren uns (Flucht) und haben kein Interesse mehr an unserem Job und unserer Leistung.

In der dritten Phase macht sich Hoffnungslosigkeit breit. Wir überlegen, ob es nicht besser wäre zu sterben, und wir haben Selbstmordfantasien – das alles gekoppelt mit einer tiefen Erschöpfung. Uns fehlen der Mut und jegliche Motivation, selbst die Motivation aufzustehen fehlt uns. In solch einer Phase befindet sich auch der unter dem Wacholderstrauch liegende, todmüde Elija.

Hier kommt nun ein „Schubsengel" (dazu später mehr) ins Spiel: *„Doch ein Engel rührte [schubste] ihn an und sprach: ‚Steh auf und iss!'"* (1. Könige 19,5). Ganz einfühlsam berührt dieser Engel Elija, mehr tut der Engel nicht. Keine Forderungen, keine Pläne, einfach nur „schlafen, essen und trinken und wieder schlafen".

Der *Schubsengel* weiß, dass Elija Kraft tanken muss.

Er weiß, dass Elija am Ende seiner Kräfte ist und nun einfach nur seine Grundbedürfnisse befriedigt werden müssen.

„Es ist okay, so wie es ist!" Das ist die Botschaft des Engels.

„Du musst nichts mehr leisten, niemandem etwas beweisen, du darfst einfach nur da sein, essen, trinken und schlafen."

Um aus einem Burn-out herauszukommen, brauchen wir solch eine Therapie. Es kann dauern, bis wir wieder langsam zum Leben zurückfinden, bis wir bereit sind, uns wieder zu öffnen, bis wir in der Lage sind, über unsere Sprachlosigkeit und grenzenlose Erschöpfung mit einem anderen zu reden.

Elija muss nicht einmal reden. Nachdem der Engel ihn angeschubst hat, schaut er sich um. Er kann niemanden sehen. Er muss auch nichts sagen. Aber er sieht ein geröstetes Brot und einen Krug mit Wasser. Kein großer Schnickschnack, kein opulentes Mahl mit erlesenen Getränken, sondern eine elementare Grundversorgung. Jemand hatte sie an seinem Kopfende platziert. Brot und Wasser. Mehr braucht es jetzt nicht.

Iss und trink! Stärke dich! – So lautet die einzige Anweisung des Engels. Elija isst, trinkt, legt sich wieder hin und schläft weiter. – Kurz darauf kommt der Engel ein zweites Mal zu ihm und schubst ihn wieder an.

Wie die meisten Zahlen in der Bibel hat auch die Zahl Zwei eine besondere Bedeutung. Sie steht für „Leben" (Adam und Eva), für die „kleinste Gemeinschaft" und sie steht für „Ordnung" (die beiden Gesetzestafeln, Tag und Nacht). Dies alles schwingt mit, wenn der Schubsengel mit seinem zweiten *„Steh auf und iss!"* bereits eine weitere Aufforderung verbindet. Jetzt soll es für Elija weitergehen. Denn als der Schubsengel zu ihm sagt *„... du hast einen weiten Weg vor dir!"*, eröffnet er ihm damit eine neue Perspektive.

Betroffene, die schon einmal eine Burn-out-Erfahrung gemacht haben, wissen, der Weg zurück in die Normalität ist ein weiter Weg. Bei Elija führt dieser Weg durch die Wüste. 40 Tage und 40 Nächte wandert er bis zum Berg Horeb, dem Berg der Erleuchtung.

Die Zahl 40 wiederum ist in der Bibel eine weitere wichtige Zahl, vor allem in der Verbindung mit der Wüste. Sie erinnert an die 40 Jahre Wüstenwanderung des Volkes Israel, die Zeit der innigen Gemeinschaft mit Jahwe. Sie steht für die Prüfungen, die ein Mensch ertragen muss, aber auch für den individuellen Reifungsprozess. Insofern verdeutlicht sie in dieser Geschichte: Jemand, der ein Burn-out durchlebt und durchlitten hat, ist hinterher klüger, da der Weg aus dem Burn-out heraus uns reifen lässt.

Nach diesen 40 Tagen landet Elija schließlich in einer Höhle, in einem geschützten Raum. In diesem kann er endlich aussprechen und loswerden, was ihn bedrängt. Dort hört er, wie Gott ihm eine Frage stellt. Eine ganz einfache Frage: *„Was willst du hier, Elija?"* (1. Könige 19,9).

Es ist der Moment, in dem Elija endlich seinen ganzen Frust loswerden kann; es bricht förmlich aus ihm heraus, was er zuletzt alles geleistet hat und wie wenig man seine Leistung anerkennt und ihm dankt. *„Ich allein bin* übrig *geblieben und nun trachten sie auch mir nach dem Leben."* – Undank ist der Welt Lohn.

Er hört, wie die Stimme sagt: *„Komm heraus und stell dich auf den Berg vor den Herrn!"* Und dann durchlebt er noch einmal anhand von Naturphänomenen die große Auseinandersetzung mit den 450 Baalspriestern und das, was er auf dem Berg Karmel geleistet hat, was ihn fast an den Rand des Wahnsinns getrieben hat.

Zunächst hört er einen Orkan – einen großen, starken Wind, der die Berge zerreißt und die Felsen zerbricht –, aber er merkt, ja, er spürt, das ist nicht Gott. Anschließend beginnt die Erde zu beben, aber auch hier spürt Elija, auch im Erdbeben ist Gott nicht zu finden. Und nach dem Erdbeben spürt er die glühende Hitze eines großen Feuers wie auf dem Karmel. Doch auch da spürt er: Hier ist Gott nicht.

Nach dem Feuer vernimmt er ein stilles, sanftes Säuseln und er weiß mit einem Mal: So ist Gott! – Seine Reaktion: Er verhüllt sein Gesicht mit seinem Mantel und tritt in den Eingangsbereich der Höhle.

Am Ende seines Burn-outs, am Ende einer langen Durststrecke, entdeckt der Prophet Elija das ganz andere Wesen Gottes. Und er findet selbst darin Ruhe und eine neue Sanftheit.

„*Wo zwanzig Teufel sind, da sind auch hundert Engel; wenn das nicht so wäre, dann wären wir schon längst zugrunde gegangen.*"
Martin Luther

7.

Standhaft – auch wenn es brenzlig wird

Die drei Männer im Feuerofen

Zwei der wohl eindrücklichsten Engelsbegegnungen finden wir im Buch Daniel. Die erste erzählt davon, wie drei Hoffnungsträger ausländischer Herkunft sich einem Anbetungsgebot von König Nebukadnezar widersetzten. Diese drei Männer waren im Rahmen eines babylonischen Förderprogrammes ausgewählt worden:

„Dann befahl der König seinem Oberkämmerer Aschpenas, einige junge Israeliten an den Hof zu bringen, Söhne von königlicher Abkunft oder wenigstens aus vornehmer Familie; die Knaben sollten frei von jedem Fehler sein, schön an Gestalt, in aller Weisheit unterrichtet und reich an Kenntnissen; sie sollten einsichtig und verständig sein und geeignet, im Palast des Königs Dienst zu tun; Aschpenas sollte sie auch in Schrift und Sprache der Chaldäer unterrichten. Als tägliche Kost wies ihnen der König Speisen und Wein von der königlichen Tafel zu. Sie sollten drei Jahre lang ausgebildet werden und dann in den Dienst des Königs treten. Unter ihnen wa-

ren aus dem Stamm Juda Daniel, Hananja, Mischaël und Asarja." (Daniel 1,3–6).

Schon damals wusste man, dass es klug war, auch unter den Ausländern nach begabten und vielversprechenden Kandidaten Ausschau zu halten und diese entsprechend zu fördern. Nun hatte Nebukadnezar die eigenartige Idee, wohl auch als Demonstration seiner Macht, ein sechzig Ellen hohes und sechs Ellen breites goldenes Standbild in der Ebene Dura aufzustellen. Vor diesem Monument sollten alle führenden Persönlichkeiten seines Reiches zusammenkommen. Sobald der volle Klang vieler sehr unterschiedlicher Instrumente erklingen würde, sollten alle (außer Nebukadnezar) vor diesem Standbild auf die Knie gehen und es anbeten. Noch heute kann man in totalitären Regimen (z. B. in Nordkorea) solch einen Kultwahn beobachten.

Drei der jüdischen Männer, Schadrach (Hananja), Meschach (Mischaël*)* und Abed-Nego (Asarja), hatten zwar nun neue Namen, aber ihre Heimat und ihre Religion hatten sie nicht vergessen. Nach wie vor waren sie gläubige Juden. Sie weigerten sich, diesem Befehl Folge zu leisten. Dies wurde dem Herrscher berichtet und er ließ die drei voller Zorn vor sich bringen. Er wollte ihnen noch eine Chance geben:

„Nun, wenn ihr bereit seid, sobald ihr den Klang der Hörner, Pfeifen und Zithern, der Harfen, Lauten und

Sackpfeifen und aller anderen Instrumente hört, sofort niederzufallen und das Standbild zu verehren, das ich habe machen lassen, ist es gut; verehrt ihr es aber nicht, dann werdet ihr noch zur selben Stunde in den glühenden Feuerofen geworfen" (Daniel 3,15).

Die drei jüdischen Männer antworteten ihm relativ cool. Das klang in etwa so: „Das kannst du dir sparen, nie und nimmer werden wir vor diesem Standbild auf die Knie gehen und es auch noch anbeten! Wir glauben an den einen Gott, der wird uns helfen. Und wenn er uns nicht hilft, so sollst du trotzdem wissen, dass es keinen anderen Gott als den unsrigen gibt."

So viel Unverfrorenheit und Arroganz machte den Herrscher rasend. Er befahl, den Feuerofen derart stark zu heizen, dass er siebenmal heißer wurde als sonst. Dann ließ er die drei, so wie sie waren, mit ihren Kleidern und Hüten fesseln und zum Feuerofen tragen. Dieser war mittlerweile so heiß, dass die Männer, die die drei dorthin schleppen mussten, augenblicklich Feuer fingen und verbrannten.

Als dann kurz darauf Nebukadnezar und seine Berater in den Ofen starrten, sahen sie auf einmal vier Männer, die dort offensichtlich gänzlich unversehrt im Inneren des Infernos umherspazierten. *„Haben wir nicht drei Männer gebunden in das Feuer werfen lassen? Ich sehe aber vier Männer frei im Feuer umhergehen, und sie sind unversehrt; und der vierte sieht aus, als wäre er ein ‚Sohn der Götter‘"* (Daniel 3,24–25), hörten sie den Herrscher rufen. – Da waren sie wieder, die „Gottessöhne" aus dem sechsten Kapitel des Buchs Genesis.

Ein mächtiger Himmelsbote muss das gewesen sein, dessen Gegenwart die Naturgesetze derart außer Kraft setzen konnte, dass im Innersten eines zum Glühen hochgefahrenen Feuerofens für drei Menschen lediglich ein angenehmes, laues Lüftchen wehte.

Voll Entsetzen und Ehrfurcht rief Nebukadnezar den dreien zu, sie sollten doch bitte wieder herauskommen, denn er habe seinen Irrtum eingesehen und wisse nun, dass es keinen größeren Gott gebe als den Gott der Judäer.

Die Botschaft dieser Erzählung ist eindeutig: Gott ist treu und steht durch seine Engel denen bei, die treu zu ihm stehen. In seinem eindrücklichen Buch „Die Rückkehr der Engel"[4] äußert der Autor Pietro Bandini angesichts des Holocausts, der Vergasung und anschließenden Verbrennung vieler Millionen Juden in den Feueröfen der Nazis, jedoch die bange Frage: „Wo waren die Engel, die Boten Gottes, in Auschwitz?"

Möge diese Geschichte vom Engel im Feuerofen uns für immer daran erinnern, dass wir niemals vergessen, zu welch ungeheuerlichen Greueltaten unsere deutschen Vorfahren fähig waren, und uns ermutigen, all jenen, die versuchen, diese dunkelste Zeit zu verharmlosen, mit flammendem Herzen und feurigem Eifer entgegenzutreten.

8.

Ein Engel, der anderen
das Maul zuhält

Daniel, seine Neider und die Löwengrube

Die zweite Daniel-Erzählung, „Daniel in der Löwengrube", hat mich schon als Kind fasziniert. In
dieser Geschichte (Daniel 6,1–29) geht es um Macht-
gier und Verrat. Sie ist voller Spannung und handelt
von dem Propheten Daniel, der zur Zeit des medischen
Herrschers Darius als einer von drei Fürsten, die über
die insgesamt 120 Statthalter im Reich des Darius gesetzt waren, lebte. Daniel war Judäer und befand sich in
babylonischer Gefangenschaft. Er war ebenfalls Teil des
bereits erwähnten babylonischen Förderprogramms.

Auch heutzutage zählt es zu den Hauptkriterien eines Einwanderungslandes, dass die Menschen, die aus
anderen Regionen der Welt kommen und sich in diesem Land niederlassen wollen, nach bestimmten Krite-
rien und Qualifikationen ausgewählt werden. Einer von
diesen damals Auserwählten war Daniel und er legte
eine steile Karriere im Reich des Darius hin. Von allen
Statthaltern und Fürsten war er der brillanteste Kopf.
Er war begabt und beliebt bei den Leuten. Offensichtlich machte er seine Sache so gut, dass Darius den Plan

hatte, ihn zum Hauptverwalter seines Reiches zu machen.

Diese Situation lässt sich gut auf die Hierarchie in einer großen Firma von heute übertragen. Da ist dieser Fremde, man hat ihn von außen geholt, um die Firma zu sanieren, und nun ist der auch noch erfolgreich und zieht an allen anderen problemlos vorbei. Er verdirbt den Schnitt, weil er mehr, besser und effektiver plant und arbeitet als alle anderen. Neuerungen werden eingeführt, alte Privilegien und Strukturen infrage gestellt. Er ist der Liebling des Chefs, wahrscheinlich heiratet er demnächst auch noch dessen Tochter und erbt irgendwann den ganzen Laden. Allen ist klar: So einer muss weg, koste es, was es wolle.

Heutzutage würde man im Internet recherchieren: Wo gibt es eine Schwachstelle dieses Konkurrenten? Hat er vielleicht eine Leiche im Keller liegen? Ein Privatdetektiv würde ihn beschatten und versuchen, kompromittierende Fotos zu schießen und irgendein kleines, möglichst schmutziges Geheimnis aufzudecken. Doch wo sie auch bei Daniel suchten, sie fanden keine Schwachstelle. Dieser Typ war zu allem Überfluss auch noch sehr religiös und betete dreimal am Tag zu seinem Gott. Offensichtlich war die Politik des Darius so tolerant gegenüber anderen Religionen, dass Daniel seinen Glauben unbehelligt leben konnte. Doch plötzlich begann in den Köpfen und Herzen seiner Mitfürsten und Untergebenen ein Plan zu reifen: Sie würden Darius und vor allem Daniel eine Falle stellen, sie würden dieses ganze „Toleranzgetue", das ihnen sowieso ein Dorn im Auge war, abstellen. Sie traten vor ihren König und unterbreiteten ihm einen Vorschlag, der gleich mit einer Lüge, einer falschen Behauptung begann: „Wir *alle* haben es für gut befunden, dass du, lieber König, ein unumstößliches (gnadenloses) Gesetz erlässt, dass in den nächsten 30 Tagen niemand zu einem anderen Gott beten darf als zu dir, dem göttlichen Darius! Sollte jemand es wagen, gegen dieses Gebot zu verstoßen und zu einem anderen Gott beten, so soll dieser ‚ohne Wenn und Aber' den Löwen zum Fraß vorgeworfen werden."

Seit jeher ist es die Masche von Demagogen, dass sie mit Fake News und Halbwahrheiten ihre Pläne durchsetzen. Denn natürlich war das nicht die Idee von allen. Einer zumindest, aber immerhin einer seiner wichtigsten Leute, nämlich Daniel, hätte so etwas nie und nimmer gedacht oder gar vorgeschlagen. Doch der König ließ sich blenden; er durchschaute nicht das böse Spiel. Das Gesetz trat in Kraft und galt nun für die nächsten 30 Tage.

Auch Daniel hörte davon, aber er ließ sich nicht beirren und betete am geöffneten Fenster zu seinem Gott, dem Gott seiner Väter, dem Gott Abrahams, Isaaks und Jakobs. Scheinbar war er so arglos und sich seiner Stellung so sicher, dass er nicht im Traum daran dachte, dass ihm irgendjemand daraus einen Strick drehen würde. Doch genau das geschah!

Die Spione hörten die Gebete, die Daniel dreimal am Tag in Richtung Jerusalem betete, und meldeten es ihren Vorgesetzten. Diese wiederum traten vor Darius und klagten Daniel an. Sie taten dies wieder mit einer Halbwahrheit, indem sie behaupteten: *„Daniel, einer der Gefangenen aus Juda, der achtet weder dich noch dein Gebot, das du erlassen hast; denn er betet dreimal am Tage"* (Daniel 6,14). – Das stimmte, doch die zweite Aussage war schon wieder eine Interpretation seiner Feinde: „... und er missachtet dich!"

Auch das kann man innerhalb der internen Kommunikation einer heutigen Firma beobachten: Wie Gerüchte und Halbwahrheiten die Atmosphäre eines Betriebes vergiften (können) und wie direkte und klärende Gespräche fast nicht mehr möglich sind, weil man nur noch übereinander und nicht mehr miteinander spricht. Und wenn über andere gesprochen wird, dann abfällig – so wie diese Verräter, die Daniel nur noch als „den Gefangenen aus Juda" bezeichneten.

Spätestens jetzt merkte der König, dass ihn seine Diener reingelegt hatten. Nie im Leben wäre er darauf gekommen, dass er damit seinen besten Mann in Gefahr bringen würde. Doch nun gab es das Gesetz (nach Art der Meder und Perser war dies unaufhebbar), und es war eindeutig: Daniel musste den Löwen zum Fraß vorgeworfen werden.

Darius quälte sich und suchte nach einem Ausweg, um diesen wichtigen Mitarbeiter nicht opfern zu müssen, doch die Neider lagen ihm in den Ohren und bedrängten ihn: „Das Gesetz ist unaufhebbar!"

So musste der König Daniel opfern und ihn in die Löwengrube werfen lassen. Er tat dies schweren Herzens, denn dies war kein „Bauernopfer", sondern ein völlig sinnloses „Königsopfer". Er brachte seine Trauer zum Ausdruck mit den Worten: *„Möge dein Gott, dem du so unablässig dienst, dich erretten"* (Daniel 6,17).

Heute würden wir solch eine Bemerkung als zynisch bezeichnen, hier jedoch war sie wohl Ausdruck einer letzten Hoffnung. Wenn Daniel, der ja ansonsten ein äußerst kluger Kopf war, buchstäblich „ums Verrecken" an seinem Glauben festhielt, dann war da vielleicht doch mehr dahinter, als Darius zu glauben wagte.

Daniels Konkurrenten legten noch einen schweren Stein obendrauf, damit er auch schön drinblieb in dieser Grube. Und sie brachten den König dazu, sie zu versiegeln, um sicherzustellen, dass nichts anderes mit Daniel passieren würde. Fast erinnert das Ganze an einen Entfesselungstrick, den jeder gute Zauberer in seinem Programm hat.

Darius fastete, er rührte keinerlei Speisen und Getränke an und machte in dieser Nacht kein Auge zu. Unentwegt musste er an seinen Hoffnungsträger Daniel und dieses absolut sinnlose Opfer denken, zu dem ihn die anderen gezwungen hatten. Voller Bangen begab er sich am nächsten Morgen zur Löwengrube. Einen kleinen Funken Hoffnung muss er gehabt haben, denn sonst hätte er nicht mit angstvoller Stimme gerufen: *„Daniel, du Diener des lebendigen Gottes! Hat dein Gott, dem du so unablässig dienst, dich vor den Löwen erretten können?"* (Daniel 6,21).

Tatsächlich! Das Wunder war geschehen, Daniel war

noch am Leben. Er war unversehrt, und er rief dem König zu:

> *„O König, mögest du ewig leben. Mein Gott hat seinen Engel gesandt und den Rachen der Löwen verschlossen. Sie taten mir nichts zuleide, weil ich vor ihm als unschuldig befunden wurde, und auch vor dir, König, habe ich keine Verbrechen begangen“* (Daniel 6,22–23).

Mit seiner Antwort an Darius entlarvte er auch gleich die Lüge seiner Feinde, er hätte sich gegen seinen König gestellt.

Das wünschte ich mir heute manchmal: Dass da ein Engel wäre, der den Löwen, denen man zum Fraß vorgeworfen wird, das Maul zuhält und die Mobber, Neider und unfairen bis unfähigen Konkurrenten Lügen straft und sie enttarnt.

Nach menschlichen Maßstäben muss das ein mächtiger Engel gewesen sein, und mehr als zwei Löwen können es auch nicht gewesen sein, wenn wir das Bild vom „Maulzuhalten“ wörtlich nehmen. Wie dem auch sei, der Engel, der hier auftaucht, ist Gottes Antwort auf die Treue Daniels zu ihm. Die Lehrerzählungen, Parabeln und Legenden des Alten Testamentes führen uns auf anschauliche Weise die Wirkkraft der himmlischen Boten vor Augen.

II

Wie Gott weiter sendet ...

Engel, die uns im Neuen Testament begegnen

„Der Engel sagte zu ihnen: Fürchtet euch nicht,
denn siehe, ich verkünde euch eine große Freude,
die dem ganzen Volk zuteilwerden soll:
Heute ist euch in der Stadt Davids der Retter geboren;
er ist der Christus, der Herr."
Lukas 2,10–11

9.

Wunscherfüller,
die einem die Sprache verschlagen

Zacharias und der Engel

Eine Familie zu gründen und eigene Kinder zu haben, das gehört nicht nur nach biblischem Verständnis für die meisten zu einem erfüllten Leben. Viele Eltern leiden darunter, wenn sie keine Kinder bekommen (können). Moderne Hilfen wie die sogenannten „Kinderwunschzentren" und Methoden, bei denen beispielsweise Eizellen der Mutter entnommen und mit dem Samen des Mannes künstlich befruchtet werden, gab es zur Zeit Jesu noch nicht. Aus dieser Zeit wird uns von dem Priester Zacharias und seiner Frau Elisabeth berichtet, die sich nichts sehnsüchtiger wünschten als ein eigenes Kind.

Sie lebten ein frommes Leben, vorbildlich könnte man sagen. Sie waren die Stützen der jüdischen Gemeinde, hilfsbereit und gastfreundlich. Sie waren hoch angesehen und alles wäre bestens gewesen, wenn da nicht dieser unerfüllte Kinderwunsch gewesen wäre. Die Mediziner und Heiler gingen damals davon aus, dass Elisabeth unfruchtbar war, also keine Kinder bekommen konnte. Außerdem waren die beiden schon in einem Alter, in dem sie sich keine Hoffnungen mehr machen brauchten, auch nicht auf ein Wunder. Das war bitter.

Manche Paare, deren Wunsch nach einem eigenen Kind über Jahre unerfüllt bleibt, entschließen sich heutzutage dazu, ein Kind zu adoptieren. Das ist aber gar nicht so einfach. Man muss sich einem ausführlichen Bewerbungsverfahren stellen, denn in Deutschland gibt es viel mehr Eltern, die ein Kind, möglichst ein Baby, adoptieren wollen, als es zur Adoption freigegebene Kinder gibt. Zahlreiche Fragebögen müssen ausgefüllt werden und es gibt Gruppen, in denen sich die Ehepaare treffen und in konstruierten Fragestellungen unter Beweis stellen müssen, dass sie fähig sind, gute Eltern zu sein.

Sie müssen sich Fragen anhören wie „Würde es Ihnen etwas ausmachen, wenn Prostituierte in Ihrer Nachbarschaft ein Etablissement eröffnen würden?", die von den Sozialarbeitern des Jugendamtes mal eben so in den Raum gestellt werden, und darauf in der Gruppe reagieren. Egal wie sie reagieren, die Gesprächsleiterin macht sich ihre Notizen und beurteilt die Reaktionen der einzelnen Personen. Und so werden gestandene Männer auf einmal zu superliberalen Vorzeige-Papas, die sich (angeblich) nichts Schöneres vorstellen können, als den ganzen Tag mit ihren Kindern Fußball oder im Sandkasten zu spielen. Die Eltern werden mehr oder weniger gezwungen, finanziell, psychologisch und pädagogisch komplett „die Hose runterzulassen".

Sich die Bewerberinnen und Bewerber für eine künftige Elternschaft genau anzuschauen, ist sicher gut und für das Kindeswohl vonnöten, aber ich schätze mal, dass in solchen Momenten, in denen die Bewerber konstruierten Situationen ausgesetzt sind, doch viel Heuchelei im Spiel ist. Krönender Abschluss dieser mehr oder weniger „peinlichen Befragungen" (früher ein Begriff für Folter) sind dann die Hausbesuche des Sozialamtes, bei denen die häuslichen Verhältnisse überprüft werden, in die das eventuell zugeteilte Kind unter Umständen hineinvermittelt würde.

Viele Eltern wünschen sich so sehr ein Kind, dass sie das alles über sich ergehen lassen, um eventuell am Ende des Verfahrens dann doch mitgeteilt zu bekommen: „Leider können wir Ihnen unter den gegebenen Umständen kein Kind zuteilen!" Was „die gegebenen Umstände" sein sollen, darüber müssen die Betroffenen rätseln, aber oft steckt dahinter ganz einfach die Tatsache, dass es nicht genügend zur Adoption freigegebene Kinder gibt. Manche Eltern, und zwar die, die es sich leisten können, wenden sich dann an Agenturen, die Babys und Kleinkinder aus dem Ausland vermitteln.

Zacharias und Elisabeth standen all diese Möglichkeiten nicht zur Verfügung. Und so hatte sich über ihre Ehe der traurige Schatten einer unerfüllten Elternschaft gelegt.

Zacharias war auf dem Weg zu seiner Arbeit, die darin bestand, im Inneren des Tempels Gott ein Räucheropfer darzubringen, als er durch die versammelte Gemeinde, die sich vor dem Tempel zum Gebet eingefunden hatte, schritt. Er wollte gerade im Tempel mit den rituellen Handlungen beginnen, da sah er auf einmal rechts von dem Räucheraltar einen Engel stehen. Zacharias fuhr der Schrecken durch Mark und Bein.

Im ersten Teil des Buches habe ich bereits den Unterschied zwischen „Respekt" und „Ehrfurcht" beschrieben. Sicher flößte dieser Bote Gottes dem Priester Respekt ein, aber die Furcht bzw. Ehrfurcht, die diese Erscheinung auslöste, hatte ihren Grund im Heiligen. Und dem Heiligen zu begegnen, löst bei allen Menschen, die es empfinden und erkennen, Ehrfurcht aus. Das ist die adäquate Reaktion.

Als Priester wusste Zacharias, dass das Erscheinen eines Engels mitunter nichts Gutes verhieß. Zu gut kannte er die Schriften der Thora, wusste er von den Racheengeln und kannte die Erzählungen von der Befreiung Israels und dem Propheten Bileam. Wohl auch deshalb verspürte er ganz einfach Angst.

Der Engel aber befreite ihn aus dieser Schockstarre, indem er seine Furcht aufgriff und sagte: „Du brauchst keine Angst zu haben, fürchte dich nicht!"

„Hab keine Angst!" – das ist zunächst und oftmals die erste grundlegende Botschaft eines Engels. In einer Welt, in der wir permanent Angst haben und in der Ängste geschürt werden, tut es einfach gut, wenn uns von kompetenter Seite zugerufen wird: *„Fürchte dich nicht!"*

Der Bote Gottes sagte das einleitend zu einer unglaublichen Botschaft: *„Dein Gebet ist erhört worden. Deine Frau Elisabeth wird dir einen Sohn gebären; dem sollst du den Namen Johannes geben"* (Lukas 1,13).

Ich vermute, Elisabeth und Zacharias hatten aufgrund ihres Alters längst den Traum von einem eigenen Kind komplett aufgegeben. Wahrscheinlich hatten sie auch schon lange nicht mehr dafür gebetet, dass Gott ihnen ein Kind schenken möge.

Aber das, was der Engel hier mit „Gebet" meinte, ist wohl das, was wir als tiefsten Wunsch in unserem Herzen tragen, gewissermaßen unser Herzenswunsch, der vor Gott wie ein permanentes Gebet aus tiefstem, verborgenem Herzen klingt. Doch noch während der Engel dem sprachlosen Zacharias seinen Sohn in den höchsten Tönen beschrieb ...

„Du wirst dich freuen und jubeln und viele werden sich über seine Geburt freuen. Denn er wird groß sein vor dem Herrn. Wein und berauschende Getränke wird er nicht trinken und schon vom Mutterleib an wird er vom Heiligen Geist erfüllt sein. Viele Kinder Israels wird er zum Herrn, ihrem Gott, hinwenden. Er wird ihm mit dem Geist und mit der Kraft des Elija vorangehen, um die Herzen der Väter den Kindern zuzuwenden und die Ungehorsamen zu gerechter Gesinnung zu führen und so das Volk für den Herrn bereit zu machen" (Lukas 1,14–17).

… kamen diesem ernsthafte Zweifel. Er konnte sich das einfach nicht vorstellen. Deshalb fragte er fast wie ein Kind: *„Woran soll ich das erkennen? Denn ich bin ein alter Mann und auch meine Frau ist in vorgerücktem Alter"* (Lukas 1,18).

Oder anders gesagt: „Eine normale Schwangerschaft mit dickem Bauch und allem Drum und Dran kann das ja wohl nicht mehr werden, denn dafür sind wir zu alt."

Den Bedenken und Fragen von Zacharias stellte der Engel nun seine ganze Autorität gegenüber, so ganz nach dem Motto:

„Was glaubst du eigentlich, wen du hier vor dir hast?", indem er sich als einer der Erzengel zu erkennen gab: *„Ich bin Gabriel, der vor Gott steht, und ich bin gesandt worden, um mit dir zu reden und dir diese frohe Botschaft zu bringen"* (Lukas 1,19).

Mit dem Erzengel Gabriel betrat nun ein ganz bedeutender Engel die Bühne dieser Erzählung. Er ist neben dem Erzengel Michael sicherlich der wichtigste und mächtigste, mit Sicherheit aber auch der bekannteste Erzengel. Namentlich wird er erstmals im Buch des Propheten Daniel (10,5–9) erwähnt:

„Ich blickte auf und schaute. Und siehe, da war ein Mann, der in Leinen gekleidet war und seine Hüfte

war mit einem Gürtel aus feinstem Gold gegürtet. Sein Körper glich einem Chrysolith, sein Gesicht leuchtete wie ein Blitz und die Augen waren wie brennende Fackeln. Seine Arme und Beine glänzten wie polierte Bronze. Seine Worte waren wie das Getöse einer großen Menschenmenge. Nur ich, Daniel, sah diese Erscheinung; die Männer, die bei mir waren, sahen die Erscheinung nicht; doch ein großer Schrecken befiel sie, sodass sie wegliefen und sich versteckten. So blieb ich allein zurück und sah diese gewaltige Erscheinung. Meine Kräfte verließen mich; ich wurde totenbleich und konnte mich nicht mehr aufrecht halten. Ich hörte den Schall seiner Worte; beim Schall seiner Worte fiel ich betäubt zu Boden und blieb, mit dem Gesicht am Boden, liegen. Doch eine Hand fasste mich an und half mir auf Knie und Hände."

Nach jüdischer Überlieferung gehörten die beiden Engel Michael und Gabriel zu den drei Männern, die Abraham und Sara besuchten und ihnen als Hochbetagten die Geburt eines Sohnes übermittelten und die anschließend nach Sodom aufbrachen (1. Mose 19), wobei Michael die Aufgabe hatte, Lot zu retten, und Gabriel die Aufgabe, Sodom zu zerstören.

Das Buch Henoch kennt insgesamt sieben Erzengel: Gabriel, Uriel, Raphael, Raguel, Sarakael, Remiel und Michael. Sie werden als die höchsten Engel – die Fürsten, die Erzengel – beschrieben, die direkt vor Gott stehen. Jeder mit einer besonderen Aufgabe – Gabriel unter anderem als der Hüter des Paradieses. Er ist aber auch der namentlich bekannteste Engel, weil er nicht nur die Geburt von Johannes dem Täufer, sondern auch die Geburt Jesu ankündigt. Oft wird er aber zunächst einfach nur als „der Engel des Herrn" beschrieben.

Gabriel ist auch deshalb der bekannteste Engel, weil er im Islam eine herausragende Rolle spielt. Gabriel heißt im Arabischen *Dschibril*. Ihm wird nach der Überlieferung eine zentrale Aufgabe bei der Übermittlung des Koran an den Propheten Mohammed zuteil. Namentlich erwähnt wird er im Koran an drei Stellen (Sure 2:97,98; 66:4), aber indirekt wird er, so die gängige Interpretation, als Überbringer der Offenbarung – als „*zuverlässiger Geist*" oder „*heiliger Geist*" – umschrieben. Nach ihm ist auch die sogenannte „Gabriel-Hadith" benannt, die grundlegende islamische Ethiklehre von den fünf Säulen des Islam.

Zacharias hatte es also mit diesem beeindruckenden Vertreter der himmlischen Heerscharen zu tun. Und sicher nannte Gabriel seinen Namen auch, um die letzten Zweifel des alten Priesters zu zerstreuen. Hier wurde etwas von höchster Bedeutung und Autorität mitgeteilt, also Schluss mit der Diskussion und den Zweifeln.

Manchmal wünschte ich mir in unseren kirchlichen Gremien und Ausschüssen solch einen Moment. Einen Moment, in dem Gott mit großer Klarheit und Autorität die vielen angstvollen und düsteren Gedanken zerstreut und wir uns wieder auf seine Verheißungen und sein „Fürchtet euch nicht!" konzentrieren und berufen.

Auf die aus menschlicher Sicht durchaus nachvollziehbaren Zweifel und Nachfragen des alten Priesters reagierte Gabriel unwirsch und bestrafte ihn. Zacharias würde es so lange die Sprache verschlagen, bis sein Sohn geboren würde:

> *„Und siehe, du sollst stumm sein und nicht mehr reden können bis zu dem Tag, an dem dies geschieht, weil du meinen Worten nicht geglaubt hast, die in Erfüllung gehen, wenn die Zeit dafür da ist"* (Lukas 1,20).

Die Leute, die draußen vor dem Tempel standen, wunderten sich, dass Zacharias so lange im Tempel blieb. Sie warteten auf ihn, doch als er endlich herauskam, war er stumm, sprachlos. Nicht nur das! Offensichtlich war ihm deutlich anzusehen, dass etwas ganz Wichtiges geschehen war, denn sie spürten, dass er im Tempel eine göttliche Begegnung gehabt hatte.

Vielleicht ist auch das ein Merkmal, wenn wir einen Engel treffen: dass es uns die Sprache verschlägt, dass wir aufhören zu plappern und immer alles zu hinterfragen und nur noch staunend verharren, weil wir dem Heiligen begegnen.

Für mich waren solch heilige Momente beispielsweise die Geburt unserer Kinder, Momente tiefen Glücks, jenseits von Sprache. Unser Reden oder Gerede kann manches zerstören, vor allem wenn wir etwas zerreden und nicht den Moment genießen. Wenn ich zum ersten Mal Freunden die Lieder einer neuen CD, die wir aufgenommen haben, vorspiele, dann wünsche ich mir, ja, ich erwarte, dass sie schweigen und einfach die Musik, die Texte und das Arrangement auf sich wirken lassen. Fängt aber jemand mitten in einem Song an zu plappern und Fragen zu stellen wie: „Wer hat eigentlich das Cello gespielt?", könnte ich an die Decke gehen. In solchen Momenten wünschte ich mir, dass es meinem Gegenüber einfach mal die Sprache verschlägt und er oder sie schweigend einfach das genießt, was wir an Schönem und Neuem geschaffen haben.

Mönche sind Meister in der Kunst des Schweigens. Ob nun aufgrund eines Gelöbnisses oder aus ihrem eigenen inneren Antrieb. Ihr Schweigen, beispielsweise bei den gemeinsamen Mahlzeiten, hat sicherlich auch den Hintergrund, dass man sich auf das konzentriert, was jetzt im Moment dran ist, und dass man somit die heilige Gabe des täglichen Brotes voll und ganz zu würdigen weiß.

Mitunter stehen wir uns mit unserem Aktivismus selbst im Wege, wenn es darum geht, einen besonderen Augenblick zu genießen und stumm einfach nur da zu sein.

10.

Eine unglaubliche Botschaft

Maria und der Engel

Seine Popularität hat der Erzengel Gabriel insbesondere der Tatsache zu verdanken, dass er nach der Darstellung des Evangelisten Lukas die Geburt Jesu ankündigt. Diese Ankündigung fand wohl im Elternhaus von Maria aus Nazareth statt (siehe Lukas 1,26 ff.).

Maria wird als eine Jungfrau beschrieben, die mit einem gewissen Joseph aus dem Hause Davids verlobt war. Der Engel kam einfach zu ihr ins Haus, so lapidar wird es beschrieben, und sprach sie mit den Worten an: *„Sei gegrüßt, du Begnadete, der Herr ist mit dir"* (Lukas 1,28). Maria fuhr erschrocken zusammen, vor allem der Gruß irritierte sie. Was für eine eigenartige Anrede war das – *„Du Begnadete …"* –, dachte sie sich vielleicht. Der Engel spürte wohl ihre Irritation, deshalb rief er ihr gleich zu: *„Fürchte dich nicht!"*

Dieses *„Hab keine Angst!"* begegnet uns immer wieder, wenn Engel auftauchen. Damit soll dem Empfänger beziehungsweise hier der Empfängerin der Botschaft signalisiert werden: Entspann dich, ich bringe dir kein Unheil, sondern ich habe eine gute Nachricht für dich. Und gleich im nächsten Satz kündigte er Maria an, dass sie schwanger werden und einen Sohn gebären würde; diesem Sohn sollte sie den Namen „Jesus" geben.

Mit großen Worten und einer faszinierenden Vision beschrieb Gabriel anschließend die Zukunft dieses Jesus, der den Thron Davids besteigen würde und dessen Reich ewig und unfassbar groß sein würde. Doch von alldem ließ sich Maria nicht sonderlich beeindrucken, sie fragte vielmehr ganz pragmatisch zurück: „*Wie soll das geschehen? Ich habe ja noch nie mit einem Mann geschlafen*" (Lukas 1,34; HfA).

Anders als bei Zacharias reagierte der Engel gegenüber Maria nicht schroff. Das lag wohl an der schier unglaublichen Botschaft. Daraufhin nahm der Engel sich Zeit für Maria und erklärte, wie das Ganze vonstattengehen sollte: „*Heiliger Geist wird über dich kommen und Kraft des Höchsten wird dich überschatten. Deshalb wird auch das Kind heilig und Sohn Gottes genannt werden*" (Lukas 1,35).

War das eine ausreichende Erklärung? War das ein Trost für eine junge Frau, die verlobt und als Jungfrau dem Joseph von Nazareth versprochen war und die nun von einem anderen ein Kind gebären sollte? Sicher nicht!

Es ist eines der ganz großen Rätsel der Christenheit, wie das mit der Jungfrauengeburt wohl vonstattengegangen sein mag. Noch heute bekennen wir ja im christlichen Glaubensbekenntnis „*... empfangen durch den Heiligen Geist, geboren von der Jungfrau Maria ...*"

Des Öfteren hört man von Theologen die Behauptung, das Wort „Jungfrau" sei ein Übersetzungsfehler einer Prophetie des Jesaja. Dazu schrieb der Theologe Klaus Berger:

> „Nun aber zu dem Zitat beim Propheten Jesaja selbst (in Kap 7, Vers 14). Im hebräischen Text ist da die *alma* genannt, zu Deutsch eine junge Frau. Das kann alles heißen, auch Jungfrau. Doch man bedenke: Nach Jesaja soll das ein besonderes Zeichen Gottes sein, dass eine *alma* empfängt und ein Kind bekommt. Nun ist bekannt, dass über 99 Prozent aller Kinder von jungen Frauen empfangen und geboren werden. Worin soll das Besondere, das Zeichen, liegen, wenn lediglich eine junge Frau ein Kind bekommt? Das wäre kein Zeichen, sondern normal. Der Sinn dieser Schriftstelle bei Jesaja wäre damit schon nach dem hebräischen Wortlaut verpufft."[5]

Ich will diese Diskussion hier nicht weiter vertiefen. Für mich stand und steht das Bekenntnis „geboren von der Jungfrau Maria" für die Tatsache, dass Gottes Möglichkeiten meinen Horizont und meine Möglichkeiten bei Weitem übersteigen. Und das brachte nun der Engel auch als zusätzliches Argument angesichts der ungläubig staunenden Maria. Er verwies auf ihre Verwandten Elisabeth und Zacharias, die hochbetagt nun noch ein Kind bekommen würden, ja Elisabeth sei schon im sechsten Monat. Eine Frau, die schon viel zu alt war, um noch ein Kind zu gebären, und von der alle behaupteten, sie sei unfruchtbar.

Gabriel kommentierte diesen Umstand und seine unglaubliche Verheißung an Maria mit dem Satz: *„Denn für Gott ist nichts unmöglich!"* (Lukas 1,37).

Maria kapitulierte.

Verstehen konnte sie das Ganze ohnehin nicht und antwortete dem Gottesboten: *„Siehe, ich bin die Magd des Herrn; mir geschehe, wie du es gesagt hast"* (Lukas 1,38).

Erst nach einer klaren Antwort, also nachdem er sich davon überzeugt hatte, dass die Empfängerin seine Nachricht auch wirklich erhalten und verstanden hatte, verschwand der Engel.

In unserem Weihnachtsoratorium „Bilder der Weihnacht" lasse ich Maria selbst und etwas ausführlicher zu Wort kommen:

„Da sagte der Engel zu ihr: ‚Fürchte dich nicht, Maria; denn du hast bei Gott Gnade gefunden. Siehe, du wirst schwanger werden und einen Sohn wirst du gebären; dem sollst du den Namen Jesus geben'" (Lukas 1,30–31).

Maria:

„Stellen Sie sich das doch einmal vor: Sie sitzen nichts ahnend in Ihrer Kammer und plötzlich durchfährt ein grelles Licht den Raum und eine leuchtende Gestalt steht vor Ihnen, ganz plötzlich. Was meinen Sie, wie ich mich erschrocken habe?

‚Hab keine Angst!‘, hat sie gesagt, diese Gestalt, und das mit gutem Grund, denn ich zittere noch heute am ganzen Körper, wenn ich an diesen Tag nur denke: ‚Gott, der Schöpfer des Kosmos, hat dich, Maria, ausgewählt, schwanger zu werden und seinen Sohn zu gebären, diesen Sohn sollst du Jesus nennen.‘

Mir blieb die Luft weg, gerade mal der Pubertät entronnen, stand ich da als junge Frau und nun sollte ich aus ‚heiterem Himmel‘ ein Kind gebären?

‚Hab keine Angst‘ – doch ich hatte Angst. Unglaublich große Angst, um mich, um das Kind, um Joseph, um meine Familie. Angst vor der Zukunft, Angst verstoßen und schlimmstenfalls sogar gesteinigt zu werden.

Wohl mehr benommen als bei klarem Verstand murmelte ich: ‚Wenn Gott es denn tatsächlich so will, werde ich es hinnehmen …‘ Mit dieser, meiner zaghaften Zustimmung begann das Wunder in mir. Ich gab dem Kind in mir Raum. Jungfräulich kam es zu mir und erweckte und belebte mich zunehmend zu der Frau, die ich eigentlich war und werden sollte. Eine Katastrophe und doch: Nie ist mir größeres Glück widerfahren.“

11.

Wie ein (Alb-)Traum
die Zukunft verändert

Joseph und der Engel

Der Evangelist Matthäus erzählt uns die Geschichte von der Geburt Jesu aus der Perspektive
des Joseph von Nazareth. Joseph merkte, dass seine zu-
künftige Ehefrau schwanger war. Was für eine Enttäu-
schung muss das für ihn gewesen sein. Offensichtlich
hatte sie ihn mit einem anderen betrogen, anders konnte
er sich das nicht erklären. Eine Welt brach zusammen,
die harmonische Zukunft mit Maria und vielen eigenen Kindern lag wie ein Scherbenhaufen vor ihm. Sie
hatten doch bis zur Hochzeitsnacht warten wollen; so
hatten sie es miteinander besprochen und sich einander
versprochen. So hatten es ja auch ihre Eltern nach guter
jüdischer Tradition abgesprochen. Von langer Hand war
diese Ehe arrangiert und geplant. Konnte man sich so
sehr in einem Menschen täuschen?

Vielleicht hatte Maria probiert, ihm die Situation zu
erklären. Aber wie sollte sie das jemandem, noch dazu
einem geliebten Menschen, erklären können? Bis heute
erntet diese Vorstellung ja nichts als Spott und Hohn:
„Der Heilige Geist ist über mich gekommen und des-

halb bin ich schwanger, ich trage den Sohn Gottes in mir!"

Doch niemals hätte sie das öffentlich behaupten können; sie wäre sofort wegen Blasphemie gesteinigt worden.

Wie muss das alles Joseph umgetrieben haben ... Seine ganze Zukunft stand auf dem Kopf.

Wie konnte Maria ihm das nur antun? Und wie sollte er Maria, die er sehr lieb hatte, schützen? Er wollte nicht, dass sie mit Schimpf und Schande davongejagt wurde, aber er wollte auch nicht bei ihr bleiben, das konnte er nicht aushalten. Er wollte nicht dabei sein, wenn sie das Kind eines anderen austrug.

Wer wollte Joseph solche Gedanken verübeln?

Mitten hinein in dieses trübe und angstvolle Grübeln erschien Joseph im Traum ein Engel und dieser erklärte ihm noch einmal die ganze Situation.

Es ist doch interessant, dass Joseph gleich zwei Mal eine Engelsbotschaft erhielt – jedes Mal im Traum. Im zweiten befahl ihm der Engel, er solle mit dem Kind und seiner Mutter nach Ägypten fliehen, um vor Herodes sicher zu sein.

Diese beiden Traumbotschaften müssen so real und intensiv gewesen sein, dass für Joseph kein Zweifel daran bestand, dass hier Gott selbst mit ihm sprach.

Wie der Engel Joseph im Traum erscheint, auf welche Art und Weise, ist ein gutes Beispiel dafür, dass ein Impuls von außen unsere Denkrichtung komplett verändern kann.

Joseph, der kurz zuvor noch seine Verlobte verlassen wollte, erkennt auf einmal die größeren Zusammenhänge, versteht seine Verantwortung, seinen Part in diesem unglaublichen Plan Gottes und passt sich mit seinen Zukunftsplänen an die neue Wirklichkeit an.

Im ersten Buch Mose wird ebenfalls von einem Joseph erzählt, dessen Leben durch Träume geprägt war. Zuerst durch die eigenen und später durch die Albträume des Pharaos, die er prophetisch zu deuten wusste.

Die Grundbotschaft des Engels dieses Mal an Joseph von Nazareth lautete auch wieder: *„Fürchte dich nicht!"* Doch dann gab er dem Träumenden noch ein weiteres Argument mit auf den Weg:

> *„Dies alles ist geschehen, damit sich erfüllte, was der Herr durch den Propheten gesagt hat [Jesaja 7,14]: Siehe: Die Jungfrau wird empfangen und einen Sohn gebären und sie werden ihm den Namen Immanuel geben, das heißt übersetzt: Gott mit uns."*
> (Matthäus 1,22–23)

Dass die Engel ihre Botschaften oft mit einem *„Fürchte dich nicht!"* begannen, hing sicherlich auch damit zusammen, dass die Erscheinung eines Engels für einen gläubigen Juden sehr ambivalent war. *„Anders als der sanfte Messias des Christentums erscheint der alttestamentarische Engel Jehovas durchweg als zorniger Rächer und kriegerischer Beschützer, der die Verächter seiner Gebote mit Tod und Verderben straft."* Wenn also ein Engel auftauchte, noch dazu solch eine mächtige Gestalt wie der Erzengel Gabriel, verhieß das meist nichts Gutes. Insofern lösten die einleitenden Worte „Fürchte dich nicht!" die reflexartige Anspannung des Angesprochenen auf und gaben Raum für die *gute* Nachricht, die der Engel erstaunlicherweise zu überbringen hatte.

In unserem Weihnachtsoratorium „Bilder der Weihnacht" lasse ich Joseph selbst zu Wort kommen:

„Als Josef erwachte, tat er, was der Engel des Herrn ihm befohlen hatte, und nahm seine Frau zu sich" (Matthäus 1,24).

Joseph:
„Es hat schon noch einen ganzen Engel gebraucht, um auch mir klarzumachen, dass hier etwas ganz anderes im Spiel war. Verstanden habe ich es nicht, aber ich habe gespürt, dass ich meine Geliebte, und ich liebe sie mehr denn je, nun nicht alleinlassen konnte. Die Vernunft sagt immer ‚Nein', wenn ein Mensch das göttliche Kind in sich entdeckt, und immer entsteht dieses Kind jungfräulich, kann nicht von uns gemacht oder erzeugt werden. Und wo immer ein Mensch ‚Ja' zu dem Kind in sich sagt, werde ich mich zu Wort melden und alle Argumente der Vernunft diesem Kind entgegenhalten. Ich bin Joseph und ich brauche erst einmal Zeit."

Es war unter anderem Eugen Drewermann, der in Anlehnung an C. G. Jung innerhalb der Weihnachtsgeschichte Joseph als die Stimme der Vernunft interpretierte. Der Handwerker als Vertreter derer, die sich gegen das „innere Kind" wehren. Doch jeder und jede von uns trägt dieses Kind in sich und Jesus fordert ja diejenigen, die ihm nachfolgen, auf, *„zu werden wie die Kinder"* (Matthäus 18,3).

In diesem Licht betrachtet bekommt die Weihnachtsgeschichte natürlich noch einmal eine ganz andere, sehr persönliche und hochaktuelle Deutung: Heute, hier und jetzt kann und darf ich mich auf den Weg machen, um dieses göttliche Kind in mir zu entdecken.

Der Engel

„In dieser Gegend lagerten Hirten auf freiem Feld und hielten Nachtwache bei ihrer Herde. Da trat ein Engel des Herrn zu ihnen und die Herrlichkeit des Herrn umstrahlte sie und sie fürchteten sich sehr. Der Engel sagte zu ihnen: ‚Fürchtet euch nicht, denn siehe, ich verkünde euch eine große Freude, die dem ganzen Volk zuteilwerden soll: Heute ist euch in der Stadt Davids der Retter geboren; er ist der Christus, der Herr'" (Lukas 2,8–11).

Darf ich reinkommen? Ich habe Zeit und keine Angst.
Keine Angst vor dir, keine Angst vor mir. Und auch du
brauchst keine Angst zu haben: *Fürchte dich nicht!*
Darf ich reinkommen? Ich wäre jetzt da, plötzlich und
unerwartet – mit mir hast du nicht gerechnet, was? Und
trotzdem kannst du auf mich zählen. Schon oft war ich da:
Ich bin die Zeit, die dir plötzlich geschenkt wurde. Ich bin
das Lächeln, das dich aufmunterte.
Ich bin der Mensch, der zufällig vorbeikam, als du
Hilfe gebraucht hast. Manche glauben, ich hätte Flügel,
weil ich so unvermutet auftauche. Vielleicht ist es die
Leichtigkeit, mit der ich das Leben betrachte, die mir
Flügel verleiht – wenn das so ist, dann kann ich auch
dich beflügeln.

1. Du kamst zur rechten Zeit, ganz plötzlich warst du da,
bist bei uns reingeschneit und es war wunderbar,
dich nach den vielen Jahren zu hören und zu sehn
und von dir zu erfahren, wie die Dinge stehn.

2. Du brachtest Brot und Wein. Du brachtest Zeit und Lust
und auch dich selber ein und unser Alltagsfrust
verzog sich aus den Ecken. In unserm Lebenshaus
konnten wir neu entdecken: Wir fühlen uns zu Haus.

3. Du halfst uns zu sortieren Gedankenmüll und – Stau,
und Fallen aufzuspüren, die wir uns selbst gebaut.
Die Klarheit deiner Sätze, dein Denken und dein Stil,
sie waren nie verletzend und voller Mitgefühl.

4. Du warst für kurze Zeit nur unser Wegbegleiter
und bald war es so weit, du musstest leider weiter.
Die Lähmung und die Wut verflogen wie im Traum.
Wir fanden neuen Mut und neuen Lebensraum.

Aus: „Bilder der Weihnacht"
Clemens Bittlinger

12.

Der Schubsengel von Bethesda

Der Gelähmte am Teich von Bethesda

Eine Geschichte nach Johannes 5,1–16.
Ein Geheilter erzählt:

Begib dich zu den Säulenhallen von Bethesda, dort geschehen noch Wunder!", hatte man mir zugeraunt. Seit 38 Jahren war ich gelähmt und konnte mich nur mühsam, auf dem Boden kriechend, vorwärtsbewegen. Dabei hatte ich noch Glück, meine Eltern waren einigermaßen wohlhabend. Nur deshalb konnten wir uns die vielen Arztbesuche und Kuren in diversen Sanatorien überhaupt leisten. Doch nichts hatte geholfen, meine gelähmten Beine blieben starr und reaktionslos.

„Begib dich nach Bethesda!" Dieser Rat wollte nicht mehr aus meinem Kopf. „In den Teich von Bethesda", so sagte man, „würde von Zeit zu Zeit ein Engel hinabsteigen und dem Wasser einen Schubs geben. Der Erste, der dann im Wasser dieses Teichs wäre, der würde gesund."

Das klang zu schön, um wahr zu sein. *Was hatte ich nicht schon alles probiert, wie hatte ich mich geschunden und gequält, um wieder Leben in meinen Körper zu bringen ...* – nichts hatte geholfen. Und jemand, der so verzweifelt ist, wie ich es war, der klammert sich an jeden Strohhalm, und sei er noch so dünn.

Was soll's, dachte ich mir. *Ich habe ja nichts zu verlieren, selbst wenn ich da nur rumliege, mehr passiert ja zu Hause auch nicht.* Also habe ich mich zusammen mit meinem gut gebauten Cousin Jaron und meinen beiden Schwestern Ruth und Lea auf den Weg nach Jerusalem gemacht. Dort hatte man diese Säulenhallen errichtet.

Jerusalem – welch verheißungsvoller Name! Was für eine Stadt! Was für ein wunderschöner Ort voller Farben, Düfte und Klänge! Ich konnte mich an all dem nicht sattsehen, als wir durch eines der imposanten Stadttore einzogen: überall Menschen aus den unterschiedlichsten Regionen und ein wundervoller Wirrwarr an Sprachen und Klängen. Ich war begeistert. Händler boten lautstark ihre Waren feil, Kamele, Eselkarren und Pferde wurden durch die engen Gassen getrieben; es roch nach Weihrauch, nach Zimt und Zitrusfrüchten. Bunte Tücher, Perlen, Kleider und Gewänder neben farbenprächtigen Gewürz-, Obst- und Gemüseständen. Wie gebannt lag ich halb aufgerichtet auf dem Karren, während mich Jaron unbeirrt durch das Getümmel zog.

„In der Nähe des Jerusalemer Schaftores findet Ihr die Säulenhallen", hatte man uns gesagt und so zogen und schoben mich Ruth, Lea und Jaron schließlich dorthin. Schon aus einiger Entfernung konnte ich die Säulen erkennen und es riechen … wir näherten uns einem großen Krankenlager.

Hunderte von Kranken, Blinden, Verkrüppelten, aber auch Gelähmte wie ich lagerten um einen Teich. Für all diese Kranken hatte man fünf Säulenhallen gebaut. Doch irgendwie hatte ich mir das Ganze schöner und prächtiger vorgestellt.

Irgendwie erhaben hatten ‚Die Säulenhallen von Bethesda' in meinen Ohren geklungen, dabei war es ein ziemlich trauriger, übel riechender und elender Ort – ein großes Krankenlager eben.

Wenn das Gerücht nun stimmte, dass von Zeit zu Zeit ein Engel diesen Tümpel in Wallung bringen würde und dass man dann als Erster im Wasser sein müsste, dann war klar: Die besten und wichtigsten Plätze waren eindeutig die in den ersten Reihen. Doch die waren hoffnungslos überfüllt und besetzt. Es gab keine Chance und Möglichkeit, sich da noch irgendwo dazwischenzumogeln.

„Setzt mich doch einfach irgendwo ab, wo es nicht ganz so dicht gedrängt ist. Ich will mir das Ganze erst einmal in aller Ruhe anschauen", hörte ich mich zu meinen Verwandten sagen.

„Aber wie willst du dann an dem Wunder teilhaben?", protestierte Lea. „Du hast doch überhaupt keine Chance, als Erster in dem Teich zu sein, wenn das Wasser in Bewegung gerät. Bis du dich da hinuntergeschleppt hast, ist der Zauber doch schon längst vorbei!"

Ja, sie hatte sicher recht, das wusste ich. Aber dennoch wollte ich erst mal ein bisschen Abstand halten. Es tat mir ja schon gut, zu sehen, dass ich nicht der Einzige war, dem es schlecht ging. *Irgendwie war dies doch eine Solidargemeinschaft. Jedem ging es irgendwie dreckig und jede wie jeder hier musste irgendwie überleben, das schweißte doch sicherlich zusammen*, versuchte ich mir in Gedanken die Situation schönzureden.

Die drei setzten mich auf einer der oberen Stufen ab, ließen mir Wasser, Fladenbrot und Gemüse da und verabschiedeten sich mit dem Versprechen, regelmäßig nach mir zu sehen. So saß ich da an eine der großen Säulen gelehnt und starrte hinunter zu der braunen Brühe des Teiches, den man Bethesda nannte.

„Bethesda", das heißt so viel wie Haus der Barmherzigkeit. Vielleicht war es das ja wirklich, obwohl der Ort unbarmherzig und grausam auf mich wirkte. ‚*Wurde hier nicht eine Hoffnung genährt, die für die meisten, die hier lagerten, niemals in Erfüllung gehen würde?*', dachte ich bei mir. ‚*Und doch lagen wir hier zu Hunderten und warteten auf ein Wunder.*'

Wochen und Monate waren vergangen und nichts hatte sich getan. Zwar war ich mit meinem Krankenlager dem Teich schon drei Stufen näher gekommen. Ich war gewissermaßen nachgerückt, weil jemand verstorben war oder entnervt aufgegeben hatte, doch vom eigentlichen Ort des Geschehens war ich immer noch weit entfernt. Die Besuche meiner Familie wurden immer seltener, aber immerhin sorgten sie dafür, dass ich nicht verhungern und verdursten musste, und sie brachten mich ab und zu zum Waschen hinunter in den Teich. Es war interessant zu beobachten, wie sich, wann immer Joran, Lea und Ruth mich ins Wasser brachten, sofort einige der Kranken auch in den Teich stürzten aus Angst, sie hätten vielleicht den Wasserschubser des Engels nicht mitbekommen. Tatsächlich passierte es hin und wieder, dass das Wasser im Teich ganz plötzlich zu sprudeln begann. In solch einem Moment herrschte absoluter Ausnahmezustand. Wie die Verrückten stürzten, humpelten und schleppten sich die Kranken dann in die Richtung der braunen Brühe und kurz darauf war der Teich komplett gefüllt mit aufgeregt durcheinanderschreienden Menschen.

In den wenigen Momenten, in denen der Engel scheinbar das Wasser anschubste, zerbrach jedes Mal die Solidargemeinschaft der Leidenden. Dann war nur noch jeder und jede sich selbst der Nächste, denn es gab nur ein Ziel für alle: möglichst schnell im heilenden Wasser zu sein.

Ich habe mich an diesem sinnlosen „Humpelrennen" nicht beteiligt, ich habe es nur mit einer Mischung aus Verzweiflung und Hohn beobachtet. Es hätte ja auch überhaupt keinen Sinn gehabt, mich auf den Weg zu machen. Ich war ja meistens alleine und bis ich mich nach dort unten geschleppt hätte, wären die Ersten schon wieder draußen gewesen. Es war hoffnungslos. Ob Menschen tatsächlich gesund wurden, konnte ich nicht beurteilen. Ab und zu hörte ich jemanden begeistert rufen: „Ich bin geheilt, ich bin geheilt!" Dann freuten sich alle und applaudierten. Aber wie sollte ich, der oben am Rande lag, jemals an diesem Wunder teilhaben? Und trotzdem blieb ich dort liegen und starrte weiter auf den Teich.

Eines Tages, es war offensichtlich ein großer Feiertag in Jerusalem, denn es waren viel mehr Menschen in der Stadt als sonst und viele waren festlich gekleidet, saß ich wie so oft in der prallen Sonne, an „meine" Säule gelehnt und schaute traurig ins Leere. Plötzlich fiel ein Schatten auf mich. Vier oder fünf Gestalten, Männer wie Frauen, blieben vor mir stehen und unterhielten sich auf Aramäisch. Das war auch meine Heimatsprache und so konnte ich gut verstehen, worüber sie sprachen. Sie sprachen über ... mich!

Eine der Frauen kannte mich offensichtlich, denn sie erzählte dem Mann in der Mitte meine Geschichte. Sie machte sich ein bisschen lustig über mich, weil sie nicht verstehen konnte, dass ich als Gelähmter – so weit entfernt von dem Teich – mir überhaupt irgendwelche Hoffnungen machte, geheilt zu werden. Scheinbar glaubte sie, dass ich eigentlich gar nicht gesund werden wollte, sondern mich ganz gut in einem Leben als Behinderter und Bettler eingerichtet hätte. Deshalb war ich auch nicht besonders erstaunt, als der Mann in der Mitte mich wie aus heiterem Himmel fragte: *„Willst du gesund werden?"*

Was für eine Frage! Natürlich. Seit 38 Jahren war ich gelähmt. Nichts wünschte ich mir mehr, als endlich gesund zu werden und auf eigenen Beinen zu stehen. Aber ich wusste natürlich auch, dass mein Ansinnen lächerlich wirken musste. Denn wie hätte ich an dem Wunder teilhaben sollen? Deshalb antwortete ich ihm: *„Herr, ich habe keinen, der mich trägt!"*

Wir alle, die wir hier in den Säulenhallen lagerten, waren krank. Körperlich versehrt. Aber, und das machte meine Situation so hoffnungslos, auch krank in den Köpfen. Denn wenn es darauf ankam, war jeder und jede sich selbst der Nächste.

,Es ist aussichtslos', dachte ich. *,Bis ich dort unten angekommen bin, sind die Ersten schon zwei Runden geschwommen!'*

Der Mann sah mich an, dann beugte er sich langsam zu mir herunter und sagte leise: *„Steh auf, nimm dein Bett und geh!"* Ein plötzlicher Ruck durchfuhr meinen Körper. Ich konnte auf einmal meine Beine spüren. Die Worte des Fremden waren wie ein innerer Stromstoß gewesen und es begann in meinem ganzen Körper zu kribbeln.

Steh auf, nimm dein Bett und geh!, dröhnte es in meinen Ohren. Sollte das wirklich wahr sein? Sollte es möglich sein, dass ich aufstehen und diesen Ort verlassen konnte? Weg von dem, worauf alle starrten, hin zu einem neuen, ganz anderen Leben?

„Ich spüre meine Beine", hörte ich mich selbst mit tränenerstickter Stimme flüstern. Und plötzlich waren da auch Ruth, Lea und Jaron. Sie knieten neben mir nieder, lachten und weinten zugleich und halfen mir ganz behutsam aufzustehen, zu fallen, wieder aufzustehen, zu stolpern, aber endlich selbst auf eigenen Beinen zu stehen und zu gehen.

Sollte das wirklich wahr sein? War ich gesehen worden? Nicht abgestellt und vergessen mit meinem Elend und meinem Leid? Ich musste mich immer wieder setzen und auf die anderen stützen, aber mir wurde auf einmal klar: *Gott hatte mich nicht vergessen. Für ihn gibt es keine ausweglosen Situationen und er hört das stille Weinen der Verzweifelten.*

Langsam und zittrig ließ ich mich von den anderen stützen und verließ diesen unbarmherzigen „Ort der Barmherzigkeit". Ich ließ auch den „Schubsengel" von Bethesda hinter mir, denn Jesus selbst hatte mich angerührt und den Prozess der Heilung eingeleitet. *„Herr, ich habe keinen, der mich trägt!"*, hatte ich zu ihm gesagt und erlebte nun auf einmal, dass es ganz viele gab, die bereit waren, mich zu tragen. Und zwar weg von dem, worauf alle starrten, hin zu dem, der mich aus meiner Lähmung hatte erwachen lassen: Jesus hinterher und getragen von der Gemeinschaft derer, die ihm folgten.

13.

Engel, die uns entsetzen

Die Frauen am leeren Grab
des Auferstandenen

Es ist schon bemerkenswert, dass die Geburt Jesu und die Auferstehung Christi jeweils von Engeln begleitet werden.

Der Evangelist Markus berichtet uns, dass drei der Jüngerinnen Jesu sich am Tag nach dem Sabbat zu dem Felsengrab begaben, das der Jünger Joseph von Arimathia für den Leichnam Jesu zur Verfügung gestellt hatte. Sie hatten wohlriechende und kostbare Öle dabei und wollten den Körper des Verstorbenen versorgen und einbalsamieren.

Was wäre die Kirche ohne die Frauen? Von Anfang an und auch unmittelbar nach seinem Tod am Kreuz sind sie da. Sie sind achtsam, auch in ihrer Trauer. Vielleicht waren ihre Gedanken: *„Das kann doch alles nicht wahr sein ..."* oder *„Wir möchten ihm auch im Tod die Ehre geben und den, den wir zu Lebzeiten so geschätzt und versorgt haben, auch ganz am Ende noch begleiten."* Die Männer hatten sich wohl innerlich und äußerlich verabschiedet, enttäuscht, verletzt und wortkarg. Die Frauen aber blieben in der Nachfolge, selbst nach dem bitteren Tod Jesu am Kreuz.

Sie hatten gehört, dass man vor den Eingang zu dem Grab Jesu einen Stein gewälzt hatte. Unterwegs dorthin überlegten sie, wie sie diesen Stein wohl beiseiteschaffen könnten. Mit den Männern konnten sie da nicht rechnen. Die hatten sich gänzlich zurückgezogen. Für die war das Ganze gelaufen, aus und vorbei. Was für eine Pleite! Sie hatten diesem Jesus vertraut. Wegen ihm hatten sie ihre Berufe aufgegeben, ihre Dörfer verlassen und waren dem Traum von einem neuen Friedensreich, das ausgehend von Jerusalem weltweite Bedeutung erfahren sollte, nachgeeilt. Doch im Garten Gethsemane und später am Kreuz von Golgatha waren ihre Träume und Pläne geplatzt wie eine riesige Seifenblase. Von diesem Jesus hatten sie genug, die Männer.

Doch nun brach ein neuer Tag an. Es war Sonnenaufgang, als die drei Frauen zu dem Grab kamen. Zu ihrer Überraschung war der Stein bereits beiseitegewälzt worden. Das muss ein ziemlicher Kraftakt gewesen sein, denn der Erzähler betont, dass dieser Stein sehr groß gewesen war. Wohl mit einer seltsamen Mischung aus Verwunderung, Trauer und Neugier betraten sie die nun offene Grabeshöhle und erschraken. Der Leichnam Jesu war weg und in der rechten Ecke der kleinen Höhle saß eine Gestalt, jemand, der aussah wie ein junger Mann. Diese Gestalt hatte ein langes weißes Gewand an. Offensichtlich war er ein Bote, ein Angelos, ein Engel, denn er hatte eine unglaubliche Botschaft, die er den Frauen überbrachte. Und er eröffnete seine Nachricht zunächst mit einer Beruhigung. Doch statt dem gewohnten *„Fürchtet euch nicht!"* gebrauchte er einen anderen, einen stärkeren Ausdruck als üblich. Er rief: *„Entsetzt euch nicht!"* Das war ja auch das, was er in den Gesichtern der drei Frauen gelesen hatte: Entsetzen.

War es nicht schon genug Leid, dass man ihren Jesus verraten, verhört, verspottet, gefoltert und schließlich ermordet hatte? Mussten sie jetzt auch noch den Leichnam stehlen? Ihn womöglich schänden? Diese Vorstellung war entsetzlich, aber ... es war alles ganz anders, als sie dachten und zu glauben wagten. Denn was sie dann hörten, war kaum zu glauben: *„Erschreckt nicht! Ihr sucht Jesus von Nazaret, den Gekreuzigten. Er ist auferstanden; er ist nicht hier. Seht, da ist die Stelle, wohin man ihn gelegt hat"* (Markus 16,6).

Hatten sie richtig gehört? Konnten sie das glauben? Mitten im Schock – in ihrem Entsetzen über das dramatische Ende ihres Heilandes – solch eine Botschaft? Vielleicht hatte der Himmelsbote ja auch deshalb *„Entsetzt euch nicht!"* gesagt, weil das sehr treffend ihren emotionalen Zustand beschrieb. Sie waren „entsetzt", herausgerissen aus ihrem Leben, aus dem, was ihr Leben die letzten Jahre bestimmt hatte. Ähnlich wie das Wort „verrückt" hat dieses Wort auch im griechischen Urtext eine mehrfache Bedeutung.

Die Frauen hatten gerade halbwegs für sich begriffen und angenommen, dass Jesus nicht mehr da war. Sie mussten mit dieser neuen Situation irgendwie umgehen, etwas tun, was sie aus ihrer Trauer herausholte. Ein Sinn der Totensalbung bestand ja darin, dass die Trauernden damit selber etwas tun und neben dem Abschiednehmen aktiv mit ihrer Trauer umgehen konnten.

Während einer unserer Studienreisen besuchten wir die Grabeskirche in Jerusalem und erlebten dort Frauen orthodoxen Glaubens, die Seidentücher mit wohlriechenden Ölen getränkt hatten und damit über die große Grabplatte wischten, diese regelrecht polierten, um etwas von der Aura und Atmosphäre des Grabes Jesu „aufzunehmen".

In dem mittlerweile sehr gängigen Begriff „Trauerarbeit" schwingt ja auch mit, dass wir etwas tun können, im Angesicht des Todes. Doch nun wurde dieser Prozess radikal unterbrochen, und zwar durch die Behauptung, Jesus sei auferstanden.

„Ihr sucht Jesus von Nazareth, den Gekreuzigten. Er ist auferstanden, er ist nicht hier. Schaut euch die Stelle an, wo er gelegen hat!" Sie hatten sich nicht verhört. Der Engel sprach tatsächlich von ihrem Jesus, denn er fügte hinzu: „dem Gekreuzigten". Doch mehr Beweise als die Tatsache, dass er nicht (mehr) da war und dass die Stelle, wo er (angeblich) gelegen hatte, leer war, hatten sie nicht.

Anschließend sollten sie losgehen und Petrus wie auch den anderen Jüngern sagen, dass Jesus sein Grab verlassen hatte und vor ihnen und allen anderen zurück in die Heimat nach Galiläa gehen würde.

Galiläa, der Ort ihrer Sehnsucht. Der Ort, wo alles begonnen hatte, wo sie sich um diesen Jesus aus Nazareth gesammelt hatten, wo sie begeistert und verzückt worden waren, endlich froh, dass etwas Neues in ihrem Leben geschah. Damals. Da war ihr Glaube, der Glaube ihrer Eltern, zwar wichtig als Heimat und Tradition gewesen, doch dann erlebten sie jemanden, der die alten Geschichten und Verheißungen auf ihre Gegenwart bezog und ihnen klarmachte, dass nun die verheißene Zeit sei, in der das Reich Gottes anbrechen würde. Und dann waren sie losgezogen nach Kapernaum, Tiberias und die vielen anderen kleinen Orte, die in der näheren und ferneren Umgebung dieses großen Sees zu finden waren. Was hatten sie nicht alles auf und rund um diesen See erlebt? Und nun sagte ihnen der Engel, Jesus habe sein Grab verlassen und würde ihnen dorthin vorausgehen. Das war zu schön, um wahr zu sein! Das klang wie ein Märchen! Aber würde ihnen das jemand glauben?

Statt zu trösten, verstörte sie die Botschaft des Engels. Sie waren entsetzt und flohen von diesem Grab. Am ganzen Körper zitterten sie, sie verkrochen sich und taten genau das Gegenteil von dem, was der Himmelsbote ihnen aufgetragen hatte: Sie sagten niemandem etwas, denn sie fürchteten sich. So berichtet es der Evangelist Markus.

Der Evangelist Lukas nennt die Namen der drei Frauen: Maria Magdalena, Johanna und Maria, die Mutter von Jakobus. Er berichtet von zwei Himmelsboten am Grab, die den dreien die Auferstehung verkünden: *„Was sucht ihr den Lebenden bei den Toten? Er ist nicht hier, sondern er ist auferstanden"* (Lukas 24,5–6).

Auch hier erhalten die drei den Auftrag, es den anderen weiterzusagen. Das tun sie auch, vielleicht nachdem sie sich zurückgezogen und ihre Furcht überwunden hatten (vgl. Markus 16,1–20). Doch die Reaktion der Jünger war so, wie sie es befürchtet hatten: Die anderen glaubten ihnen kein Wort.

Der Jünger Thomas wird ja immer gerne als „der Zweifler" dargestellt. Fakt ist, die Jünger haben alle gezweifelt, ja sie haben die Botschaft von der Auferstehung als „Fake News", als ein Märchen abgetan. Einzig Petrus ging dem Ganzen nach, er begutachtete das leere Grab und die zurückgelassenen leinenen Tücher und *„wunderte sich über das, was geschehen war"* (Lukas 24,12).

Dieses „Sich-wundern" finden wir noch heute in der Osterliturgie, wenn der Liturg in die Gemeinde singt oder ruft: *„Der Herr ist auferstanden"*, und die Gemeinde antwortet: *„Er ist wahrhaftig auferstanden!"* Der Ruf des Liturgen ist die Botschaft der Engel, dem folgt die Antwort der gläubigen Gemeinde.

III

... und Engel uns heute erscheinen

Erlebnisse mit Schutzengeln und Schubsengeln

„Käme kein Engel mehr, dann ginge die Welt unter. Solange Gott die Erde trägt, schickt er seine Engel. Die Engel sind älter als alle Religionen – und sie kommen auch noch zu den Menschen, die von Religion nichts mehr wissen wollen."[7]

Claus Westermann

Bei den Kirchenvätern galten jene Engel als Schutzengel, die Gott auserwählt hat, um Menschen ihr Leben lang zu begleiten und in gefährlichen Situationen zu beschützen. Daraus erwuchs der Glaube: Jeder getaufte Christ hat einen Schutzengel. Und in der katholischen Kirche feiert man am 2. Oktober eines jeden Jahres das sogenannte „Schutzengelfest". Bereits gegen Ende des ersten Jahrhunderts kann man bei Origenes nachlesen:

> „Man sagt, jeder Gläubige, selbst wenn er ganz klein in der Kirche ist, sei von einem Engel begleitet, von dem Christus bezeugt, dass er unaufhörlich das Angesicht des Vaters schaut."[8]

Sicherlich wurde Origenes dabei sowohl von der schon damals existierenden Volksfrömmigkeit wie auch biblischen Texten, beispielsweise dem Buch Exodus (2. Mose 23,20–21)

> *„Ich werde einen Engel schicken, der dir vorausgeht. Er soll dich auf dem Weg schützen und dich an den Ort bringen, den ich bestimmt habe. Achte auf ihn und hör auf seine Stimme! Widersetz dich ihm nicht! Er würde es nicht ertragen, wenn ihr euch auflehnt; denn in ihm ist mein Name gegenwärtig."*

oder Vers 10 im achzehnten Kapitel des Matthäusevangeliums *„Hütet euch davor, einen von diesen Kleinen zu*

*verachten! Denn ich sage euch: Ihre Engel im Himmel se-
hen stets das Angesicht meines himmlischen Vaters"*, zu dieser Aussage inspiriert.

Dass so auch ganz nebenbei, zumindest vor allem
im katholischen Bereich, eine Vermischung mit den
Schutzheiligen wie dem heiligen Christophorus (dem
Schutzheiligen für den Straßenverkehr) oder dem heiligen Sankt Florian (dem Schutzheiligen der Feuerwehr)
in den Vorstellungen der Gläubigen geschieht, ist dann
auch irgendwie nachvollziehbar.

Und in der evangelischen Kirche ist jenes Segenslied,
das einen Vers aus Psalm 91 aufgreift, äußerst beliebt:
*„Denn er hat seinen Engeln befohlen, dass sie dich behü-
ten ... "*

Längst ist ein riesiger Markt rund um die Schutz-
engel-Vorstellung entstanden mit Segenssprüchen, Bild-
bänden und „Handschmeichlern" aus Bronze, die einem
jeden seinen „ganz persönlichen Schutzengel" möglichst
greifbar vergegenwärtigen sollen.

Wenn es also tatsächlich so sein sollte, dass jeder
Mensch einen Schutzengel hat, dann wird es höchste
Zeit, auf einen ganz anderen Aspekt dieses himmlischen
Begleiters hinzuweisen: Dieser Aspekt beziehungsweise
diese Tätigkeit ein und desselben Engels heißt „schub-
sen" und ist sowohl biblisch als auch in der persönlichen
Erfahrung bestens belegbar.

Der „Schubsengel" spricht zu uns, schubst uns an
durch Zeichen, durch Begegnungen, durch Ereignisse
oder noch einfacher gesagt durch Impulse, die wir plötz-

lich verspüren und die uns zu Herzen gehen. Wer mit offenen Augen durchs Leben geht, wird immer wieder seine Spuren entdecken.

14.

Ein Engel ruft „Halt!"

Ich war wohl fünf oder sechs Jahre alt, als ich das erste Mal von jemandem eine selbst erlebte Engelgeschichte hörte. Mein Großvater Georg Bittlinger erzählte sie uns Enkeln gelegentlich. Ich weiß nicht mehr viel über meinen Großvater. Er ist gestorben, noch bevor ich zehn Jahre alt wurde. Aber diese eine Geschichte hat sich tief in meiner Erinnerung verankert, wohl auch deshalb, weil er sie uns immer wieder erzählen musste. „Opa, erzähl doch noch einmal die Geschichte von dem Engel!", bedrängten wir ihn oft. Und Großvater kam der Bitte gerne nach.

Meine Erinnerung entspricht dem, wie man sich diese Szene am liebsten vorstellt: Der Großvater saß in einem großen Ohrensessel, neben sich eine Stehlampe und von der holzvertäfelten Wand hörte man das Tick-tack-tick-tack der alten Standuhr. Wir Kinder saßen um ihn herum, sahen ihn mit großen Augen an und lauschten gespannt seinen Worten.

Während des Ersten Weltkrieges, zwischen 1914 und 1918, war mein Großvater Pfarrer in der Gemeinde Climont, im Elsass. Dort in der Umgebung, unter den reformierten Christen, predigte, taufte, konfirmierte, traute und beerdigte er. Er soll wohl ein sehr traditioneller Theologe gewesen sein, ein aufrechter Christ und strenger Hirte seiner Herde. Hin und wieder vertrat er auch einen Pfarrerkollegen, nachdem dieser zum Wehrdienst einberufen worden war.

Zwischen seiner Gemeinde und dem Nachbarort, in dem er vertretungsweise Gottesdienste und Andachten zu halten hatte, lag der „Climont". Ein 965 Meter hoher, eindrucksvoller Berg aus Buntsandstein und Granit. Sein Gipfel ähnelt einem Trapez. Im 16. und 17. Jahrhundert fanden die von der römischen Inquisition bedrohten Mennoniten auf diesem dicht bewaldeten Berghügel Zuflucht. Noch heute zeugen – auf 670 Metern Höhe gelegen – ein Weiler und verwitterte Grabsteinüberreste eines Mennonitenfriedhofs von dieser längst vergangenen Zeit.

Der Climont ist bis heute ein beliebtes Ausflugsziel. Vor allem für Wanderer. In den gängigen Reiseführern wird die Auf- und Abstiegszeit mit etwa vier Stunden angegeben.

Nach heutigen Gesichtspunkten muss der ökologische Fußabdruck meines Großvaters hervorragend gewesen sein, denn er ging stets zu Fuß, wenn er den Climont überqueren musste, um den Nachbarort auf der anderen Seite zu erreichen.

Eines frühen Morgens machte er sich wieder auf den Weg. Er wollte nämlich zur Mittagszeit bei den Bauernhöfen auf der anderen Seite sein, dort war er bei einer Familie zum Mittagessen eingeladen. Wohlbehalten und ein wenig außer Puste kam er bei der Familie an.

Großvater liebte es, genüsslich zu speisen. Während die Bauersfrau auftrug, hörte er sich die Sorgen und Nöte der Familie an. Das war sein Beruf und auch seine Leidenschaft: Seelsorge, andere geistlich zu begleiten und zu beraten. Er betete mit der Familie und anschließend fand noch eine Haustaufe statt. Danach besuchte er die anderen Familien des kleinen Ortes, hielt Andachten, sang, betete und segnete die versprengte kleine Schar. Es wurde schon dunkel, als er sich wieder auf den Nachhauseweg begab.

„Bleiben Sie doch bei uns. Sie können gerne bei uns übernachten. Schauen Sie, es wird schon dunkel." So hatten die Leute aus dem Dorf damals auf ihn eingeredet. Das Angebot war von ihnen sehr freundlich gewesen, aber erstens wollte mein Großvater lieber zu Hause übernachten und zweitens war er wohl ziemlich stur. Alles Reden und Überreden half nichts, er machte sich auf den Rückweg, den Berg hinauf, hinüber auf die andere Seite.

Bald sah er, wie Nebel aufzog. Nun wirkte der Climont gespenstisch. Ebenso die verfallene Mennonitensiedlung und die alten Grabsteine im fahlen Schein des Mondes. Dieser Berg hat seine Tücken, das wusste mein Großvater. Es gibt dort steile Abhänge und kleine Felsschluchten. Mein Großvater kannte zwar den Weg, er war ihn schließlich schon des Öfteren gegangen, doch jetzt – im immer dichter werdenden Nebel, im Dunkel der angebrochenen Nacht – war er sich auf einmal nicht mehr so sicher. Und allmählich, obwohl er ein

Mann voller Gottvertrauen war, wurde die Situation auch ihm unheimlich. Er wischte sich über die Augen und versuchte, den Weg durch die immer dichter werdenden Nebelschwaden zu erkennen. Er hatte weder eine Lampe noch eine Laterne dabei. Auch sie hatte er dankend abgelehnt, als ihn die Bauersleute bedrängten: „Nehmen Sie doch wenigstens eine Stalllampe mit. Sie können sie ja beim nächsten Besuch wieder zurückbringen." Doch jetzt, hier ganz allein in dieser unwirtlichen Gegend, hätte er etwas darum gegeben, wenigstens diesen Rat befolgt zu haben.

Er lauschte in die Nacht: ein knackender Ast, der Ruf eines Käuzchens, das Pochen des Blutes in seinen Adern – sonst nichts, gespenstische Stille. Ihm war mulmig zumute. Vorsichtig, Schritt für Schritt, setzte er seinen Weg nach Hause fort. Und auf einmal durchfuhr es ihn: Er hatte absolut keine Ahnung, wo er sich befand. Er hatte den Weg verloren. Doch da er ein wirklich frommer und bibelfester Mann war, fing er an, die Worte aus Psalm 23 zu beten:

„Der Herr ist mein Hirte, mir wird nichts mangeln, er weidet mich auf einer grünen Aue und führet mich zum frischen Wasser. Er erquicket meine Seele. Er führt mich auf rechter Straße um seines Namens willen ..."

Ja, das hoffte er, dass er sich noch auf der rechten Straße, auf dem richtigen Weg befand, und er betete weiter: *„Und ob ich schon wanderte im finsteren Tal, fürchte ich kein Unglück, denn du bist bei mir ..."* (Psalm 23,1–3+4). Darauf vertraute er in dieser unheimlichen Situation.

Zumindest war er sich sicher, dass er sich nicht in einem Tal befand, denn er war die ganze Zeit bergauf gelaufen und eine längere Strecke mehr oder weniger auf einer Ebene. Und dann ... mitten hinein in seine hilflosen Versuche, sich zu orientieren, mitten hinein in sein Bangen und Beten ... hörte er auf einmal in seinem Kopf eine Stimme, die laut und deutlich *„Halt!"* rief.

Starr vor Schreck und wie angewurzelt blieb mein Großvater stehen: „Wer ist da?", fragte er laut in die Nacht und weiter:

„Wo bin ich?" Unsicher sah er sich um. Auf einmal hörte er aus der Ferne Stimmen, sie kamen von unterhalb, scheinbar aus einem Bereich weit unter ihm. „Restez!", rief eine Stimme, also „Bleiben Sie da!" auf Französisch. Noch einmal: „Restez!" Und dann sah er das Licht, das sich langsam von unten zu ihm hoch bewegte. Wenig später stand ein älterer Mann vor ihm und leuchtete auf seine Füße. „Mon dieu!", entfuhr es ihm. „Mon dieu!" Und dann sah es auch mein Großvater. Er war unmittelbar vor einem Abgrund stehen geblieben. Noch einen Schritt weiter und es wäre sein sicherer Tod gewesen.

„Und was glaubt ihr, liebe Kinder, wer hat da ‚Halt!' gerufen?", fragte er uns immer, nachdem er seine Geschichte zu Ende erzählt hatte. Wir Kinder riefen jedes Mal begeistert: „Das war ein Engel!"

„Wir sind Engel mit nur einem Flügel.
Um fliegen zu können, müssen wir uns umarmen."
Luciano de Crescenzo

15.

Städte der Engel – Los Angeles, Vilnius und Bautzen

LOS ANGELES
Die Heimat der Königin der Engel

Was hat die Metropole Los Angeles mit Engeln zu tun, außer dass ihr Name „die Engel" bedeutet? Mit Blick auf die Kriminalstatistik dieser Region treten allerdings Zweifel auf, ob der Name wirklich passend ist. Es sei denn, man versteht die ebenfalls in Kalifornien gegründeten *Hells Angels* als Botschafter des dortigen „Spirits". Sicher hängt die Herkunft des Namens aber auch nicht zusammen mit den vielen gut aussehenden Menschen, Stars, Schauspielerinnen und Schauspielern, die sich dort niedergelassen haben ...

Es waren Mönche des Franziskanerordens, die 1771 die Missionsstation „San Gabriel" in der Region des heutigen Los Angeles gründeten. Oberhalb der Kapelle, in der der Ordensgründer Franz von Assisi gestorben sein soll, liegt die *Basilika Santa Maria degli Angeli*. Von diesem Namen inspiriert – und sicherlich unter dem Einfluss der Mönche – benannte der spanische Gouverneur Felipe de Neve die damals recht überschaubare Siedlung *El Pueblo de la Reina de Los Angeles*

(Die Siedlung der Königin der Engel). Als Königin der Engel wird Maria mitunter in der katholischen Kirche bezeichnet.

Diese Tradition zeigt bis heute Wirkung. Die Bischofskirche des katholischen Erzbistums mit Sitz in Los Angeles trägt den Namen *Cathedral of Our Lady of the Angels* (Kathedrale unserer lieben Frau von den Engeln) und der Engel Moroni thront auf der Spitze des Turmes des riesigen Mormonentempels (Kirche Jesu Christi der Heiligen der Letzten Tage) in dieser Stadt.

Der Engel Moroni soll in der ersten Hälfte des 19. Jahrhunderts dem 18-jährigen Bauernjungen Joseph Smith aus Vermont erschienen sein und diesen auf zwölf goldene Tafeln hingewiesen haben, auf denen neue und abschließende Offenbarungen Gottes zu finden seien. Im Alter von 22 Jahren soll er diese Tafeln ausfindig gemacht und mithilfe von speziellen Kristallen, die er vor seine Augen hielt, entziffert haben. Hinter einem Vorhang sitzend habe er dann die Übersetzung einem Freund diktiert. Anschließend habe der Engel Moroni, so die Legende, die goldenen Tafeln wieder an sich genommen. Zwölf Personen, davon acht aus der Verwandtschaft des Joseph Smith, bezeugten die Existenz dieser Goldplatten. Aus der Übersetzung der Texte auf diesen Goldplatten entstand das Buch Mormon, das bis heute in einer Gesamtauflage von über 150 Millionen Exemplaren und in ca. 80 Sprachen weltweit veröffentlicht wurde.

Der Engel Moroni wird in der Bibel nicht erwähnt. Die Mormonen glauben aber, ihn in Offenbarung 14,6 zu identifizieren: *„Dann sah ich: Ein anderer Engel flog hoch am Himmel. Er hatte den Bewohnern der Erde ein ewiges Evangelium zu verkünden, allen Nationen, Stämmen, Sprachen und Völkern. "*

Das Buch Mormon geht davon aus, dass Christus nach seiner Himmelfahrt nochmals den Völkern der westlichen Hemisphäre erschienen ist und dort ein neues und abschließendes Evangelium verkündete. Joseph Smith wurde als Prophet in einer Reihe mit Mose, Elija und Mohammed verkündet. Die Mormonen sind somit eine junge Religion, eine, die exklusiv in Nordamerika entstanden ist und die heute weltweit etwa 12 Millionen Anhänger (davon 40.000 in Deutschland) verzeichnet. Nach dem Lynchmord an Smith Mitte des 19. Jahrhunderts zogen seine Anhänger in die Salzwüste im Nordwesten der USA und gründeten den Staat Utah mit dem „neuen Jerusalem", Salt Lake City. Eine beeindruckende Stadt, die dort die Gläubigen erbaut und der Salzwüste von Utah abgetrotzt haben. Meine Frau und ich haben die Stadt vor vielen Jahren besucht und waren beeindruckt, welche Kraft solch eine religiöse Legende für die Anhänger dieser Sekte entfalten konnte.

VILNIUS
Himmlische Helfer gegen Vandalismus

In Vilnius, der Hauptstadt Litauens, spielen Engel eine ganz besondere Rolle. Jedes Jahr am 1. April (kein Scherz!) feiert Uzupis, ein Stadtteil von Vilnius, seine unabhängige Republik Uzupis, über die ein großer bronzener Engel mit seiner Fanfare wacht. Diese von Künstlern ausgerufene Republik hat sich in ihrer Verfassung der völligen Gewaltlosigkeit verpflichtet. Diese Verfassung besteht aus 41 teils sehr humorvollen, himmlischheiteren Artikeln.

Im Jahr 2004 hatte der Bildhauer Vaidas Ramoska die Idee, kleine Engel an öffentlichen Plätzen, Bushaltestellen und Telefonzellen zu platzieren, um dem damals rasant um sich greifenden Vandalismus Herr zu werden. Und siehe da, es funktionierte. Es wurden seitdem weit weniger Gebäude und Plakatwände verunstaltet und mutwillig zerstört. Und so kann man auch heute noch die kleinen geflügelten Wesen überall in der Stadt entdecken. Nicht nur das! Die kleinen Engel durften sogar international ihre Kreise ziehen: 2009 war Vilnius europäische Kulturhauptstadt und aus diesem Anlass wurden einige der kleinen himmlischen Kerle ins Ausland geschickt, gewissermaßen als Botschafter.

BAUTZEN
Erinnerung an einen Beschützer
vor dem Bösen

In der ostdeutschen Stadt Bautzen spielt der Erzengel Michael eine ganz besondere Rolle. Als die hussitischen Soldaten im Oktober 1429 Bautzen belagerten und die Kämpfe am intensivsten tobten, soll der Legende nach der Erzengel Michael eingegriffen haben.

Wie bei Legenden üblich gibt es dazu verschiedene Ausschmückungen. Fakt ist aber, dass die Hussiten (immerhin sollen es ca. 4.000 Krieger gewesen sein … gegenüber 4.000 Einwohnern Bautzens) abzogen und die Stadt nicht eingenommen wurde. Die Bewohner verteidigten ihre Stadt tapfer, selbst Kinder und Frauen beteiligten sich an den Kampfhandlungen. Sogar kochend heißes Wasser und siedendes Pech wurde auf die Angreifer herabgegossen. Als dann die Angriffe der Hussiten am stärksten waren, soll – so die Legende – der Erzengel Michael am Himmel erschienen sein, der sein Schwert schwang und so den Bautzenern half, die Angreifer abzuwehren. Zum Dank errichteten die Bürger an dieser Stelle später eine Kapelle und nannten sie „St. Michael", heute die Michaeliskirche.

Der Name Michael bedeutet: Wer ist wie Gott? Und regt schon allein dadurch zum Nachdenken über Gott an. Oft wird er jung und kraftvoll dargestellt – in einer zeitgemäßen Rüstung mit Panzer, Speer und einem Schild, worauf oft in Latein geschrieben steht:

„*Quis ut Deus*" = Mi-cha-el = Wer ist wie Gott?

Häufig kämpft er gegen eine Schlange, einen Drachen, einen Dämon. Wohl auch deshalb übernahm die christliche Kirche, die sich als „neues Gottesvolk" verstand, den Erzengel Michael als Schutzpatron. Und seit der Taufe des Frankenkönigs Chlodwig war Michael eng mit der Fränkischen Monarchie verbunden.

Die Kaiser des Heiligen Römischen Reiches Deutscher Nation wiederum sahen sich als Nachfolger der fränkischen Karolinger. Darum wurde Michael auch zum *Schutzpatron des Deutschen Volkes*. Vielleicht geht auch der Ausdruck „deutscher Michel" vom Namen her als das Bild für den Deutschen schlechthin auf diesen Schutzpatron zurück, wobei die Wahrnehmung vom Kämpfer zum karikaturistischen Zipfelmützenträger sich im Laufe der Zeit dann stark verändert hat.

Der 29. September gilt als der Tag des Erzengels Michael („Michaelis") und wurde und wird auch heute noch in Bautzen und Umgebung (Oberlausitz) entsprechend gefeiert und begangen.

Michael wird aber auch als der Erzengel angesehen, der die Seelen der Verstorbenen in den Himmel und zum Endgericht geleitet („Psychopompos", Seelengeleiter). Darum wird er auch als Seelenrichter in Amtstracht und mit Waage dargestellt.

„Jeder, der mit einer Mission betraut ist, ist ein Engel. Alle Kräfte, die in unserem Körper wohnen, sind Engel."
Moses Maimonides

Erzengel Michael

Laut erklingt dein Name „wer ist denn wie ER",
du bist nicht der Zahme in dem Himmelsheer,
Flammenschwerter hältst du in der Hand und ringst
mit den falschen Boten deiner Zunft und bringst
Schutz und Schild, Bewahrung, auf dich kann man zähln,
so sagt man, so bist du: Erzengel Michael.

Wenn wir einmal sterben, begleitest du uns dann
auf der letzten Reise über den Jordan.
Du kennst alle Schatten, weißt um unsre Not,
die wir hier oft hatten, unsre Angst vorm Tod.
Ich will an dich denken. Wenn der Mut mir fehlt,
bist du da, so sagt man, Erzengel Michael.

Rot ist deine Farbe und in deiner Hand hältst du eine Waage
und dir sind bekannt alle unsre Taten,
denn du schreibst ein Buch,
wohl zu unserm Segen, sicher nicht zum Fluch.
Du willst für uns sprechen. Wenn die Kraft uns fehlt,
bist du da, so sagt man, Erzengel Michael.

Laut erklingt dein Name „wer ist denn wie ER".
Du sprengst jeden Rahmen, durch dich spricht der Herr
Zebaoth und Jahwe, Christus, el Schaddai
sind in dir zugegen mächtig, wild und frei.

Text: Clemens Bittlinger

16.

Schulterblicke und andere kleine Schubser

Kleine Schubser begegnen uns in unserem Alltag auf vielfältige Weise. Ich bin zum Beispiel gerne mit dem Fahrrad unterwegs und seitdem ich ein Pedelec besitze, benutze ich es noch viel öfter. Selbst Strecken, die über längere Zeit bergauf gehen, sind mit dieser Technik kein Problem mehr.

Die Kleinstadt, in der ich wohne, hat diverse Hügel und ansteigende Straßen, die ich nun umweltbewusst, sportlich und an der frischen Luft gerne meistere. Dabei setze ich immer einen Helm auf, auch wenn es vielleicht nicht so toll aussieht oder sich komisch anfühlt, denn ich habe Angst um meinen Kopf. Und Angst vor jenen Autofahrern, die plötzlich und ohne sich zu vergewissern, ob da vielleicht jemand angefahren kommt, einfach ihre Fahrertür aufmachen, und dass ich mit 20 km/h dagegenpralle und kopfüber wer weiß wohin geschleudert werde. Immer wieder höre ich von solchen Unfällen, die mitunter tödlich ausgehen können.

Im Fahrradland Nummer eins, den Niederlanden, hat man etwas Besonderes, eine kleine Verhaltensänderung, eingeführt. Sie sorgt „automatisch" dafür, dass Auto- wie Beifahrer vor dem Aussteigen immer zuerst über ihre

Schulter schauen. Fahrschülerinnen wie Fahrschüler bekommen nämlich in den Niederlanden beigebracht, die Fahrertür immer mit der rechten Hand und die Beifahrertür immer mit der linken zu öffnen. Denn wer mit der weiter entfernten Hand die Tür öffnet, vollzieht automatisch den Schulterblick. Aufgrund dieser Bewegung dreht sich nämlich der Oberkörper von selbst so zur Seite, dass der Aussteigende ganz natürlich über die Schulter blickt und auf einen eventuell heranradelnden Zeitgenossen Rücksicht nehmen kann. Durch diese einfache, neue Verhaltensregel konnte diese Art von Fahrradunfällen praktisch auf null reduziert werden. Und Kinder wie Jugendliche, die im Auto mitfahren, lernen so von Anfang an, wie Autotüren sicher geöffnet werden, und machen es später wie selbstverständlich nach. Das Ganze ist ein klassisches wie praktisches Beispiel, was Verhaltensökonomen einen *nudge*, einen Schubs, nennen.

Einen ähnlichen „Schubser", der unser Leben vor größerem Schaden bewahren möchte, empfiehlt Jesus in der Bergpredigt, von der uns der Evangelist Matthäus berichtet. Jesus sagt zu den Zuhörenden: „*... wenn dich einer auf die rechte Wange schlägt, dann halt ihm auch die andere hin!*" (Matthäus 5,39).

Zur Zeit Jesu war es üblich, wenn man jemanden

schlug, dies mit der rechten Hand zu tun. Wenn ich jemandem aber mit der rechten Hand auf die rechte Wange schlagen möchte, dann muss ich ihn mit der Rückhand schlagen, was damals ein Ausdruck besonderer Verachtung war. Halte ich aber anschließend die andere Wange hin, zwinge ich mein Gegenüber, die Position der Verachtung zu verlassen und mir auf Augenhöhe zu begegnen. Außerdem gebe ich ihm die Gelegenheit, innezuhalten und sich darüber im Klaren zu werden, was er da eigentlich tut. Denn falls der erste Schlag noch im Affekt geschehen sein mag, so bedarf es nun für den zweiten – durch mein bewusstes Hinhalten, durch das Drehen meines Kopfs – einer klaren Entscheidung meines Gegenübers. Doch diese ist für ihn gekoppelt mit der Erfahrung: „Hier schlägt jemand nicht einfach zurück, sondern er durchbricht die Spirale von Gewalt und Gegengewalt." – Eine kurze, kleine Bewegung, eine Geste, die einen gewaltigen Unterschied macht. Diese leichte Kopfdrehung, wie sie hier die Bibel andeutet, nennen Verhaltensforscher übrigens ebenfalls *nudge*, einen „Schubser".

Solche kleinen Schubser entdeckte ich auch in der australischen Stadt Sydney, und zwar auf dem Boden der Fußgängerwege. Vor jeder Kreuzung steht dort auf dem Boden in großen Lettern geschrieben „LOOK", was so viel bedeuten soll wie:

„Sieh nach oben und denke daran, hier herrscht Linksverkehr" oder „Vorsicht! Schau auf von deinem Smartphone, hier ist eine Kreuzung!" Kleine „Schubser", die sehr wirkungsvoll sind und oft schlimme Unfälle verhindern.

Auch in unserem Alltag begegnen uns solche Schubser, oft in der Form von kleinen Ein-Wort-Botschaften. Nachdem wir gerade in unser Haus eingezogen waren, haben wir des Öfteren beim Verlassen unseren Haustürschlüssel vergessen. Drei-, viermal innerhalb von sechs Monaten mussten wir den Schlüsseldienst anrufen, damit er uns öffnete. Beim dritten Mal begrüßte uns der Inhaber der Firma mit einem süffisanten „Na, Sie schon wieder?", was uns natürlich äußerst peinlich war. Noch peinlicher und ärgerlicher war die Tatsache, wie einfach er jeweils innerhalb von Sekunden die Tür geöffnet hatte und dafür jedes Mal zwischen 80 und 100 Euro kassierte. Nachdem uns dieses Malheur zum vierten Mal passierte, mussten wir handeln: Wir deponierten einen Ersatzschlüssel bei unseren Nachbarn und ich platzierte einen gut lesbaren, kleinen Zettel auf der Innenseite unserer Haustür. Dort steht bis heute: „Schlüssel?"

17.

Melodica in Lissabon

Von Weitem hörte ich schon die Klänge, wehmütig und klagend, ja vielleicht sogar anklagend schwangen sie mir entgegen. Ich spazierte durch die Straßen von Lissabon, der wunderbaren Stadt am Meer. Ich bestaunte die prächtig gekachelten Häuserfassaden und die kunstvoll gepflasterten Straßen. Überall gab es etwas zu sehen, zu riechen und zu hören.

Ich näherte mich den Klängen und mit einem Mal sah ich sie: Eine Frau mittleren Alters saß an einer Straßenecke und spielte auf einer Melodica. Vor sich hatte sie eine kleine Blechkiste stehen, in die Passanten einen Obulus legen konnten. Als ich in ihr Gesicht sah, fuhr ich innerlich zurück. Es war entstellt, voller Brandwunden und Narben. Ich hielt es nicht aus, sie anzublicken; ich senkte sofort meinen Blick. So, mit gesenktem Kopf, blieb ich kurz stehen und lauschte den Tönen, die sie mit ihrem deformierten Mund der Melodica entlockte. Die Melodica, ein Blasinstrument mit einem kleinen Tastenfeld, wurde ursprünglich von der Firma Hohner entwickelt und ist eigentlich in erster Linie, ähnlich wie die Blockflöte, ein Einstiegsinstrument für Kinder. Mittlerweile gibt es aber regelrechte Kunstwerke und selbst in der Popmusik (z. B. bei Depeche Mode) kam dieses seltsame Instrument zur Anwendung. Je nachdem wie man es spielt, klingt es nach einer Mischung aus Mundharmonika und Akkordeon. Es kann sehr traurig klingen, und so wie diese Straßenmusikantin es spielte, klang es sehr wehmütig, fast wie eine Klage. Aber das passte irgendwie zu der Atmosphäre dieser Stadt, dem Zentrum des Fado, in dem das portugiesische Wort „Saudade" so oft wie kein anderer Begriff auftaucht.

„Saudade" wird oft mit Melancholie oder Wehmut übersetzt. Ich habe diesen Begriff in einem meiner Lieder mit „schöne Traurigkeit" umschrieben. Doch dieser Moment, dieser Anblick, hatte allenfalls eine schreckliche Schönheit. Ich dachte: *Warum tut sie das? Warum setzt sie sich dem aus? Und warum setzt sie mich dem aus?*

In dieser luftigen und hellen, sonnendurchfluteten Stadt mit dieser Mischung aus Schönheit und unfassbarem Leid konfrontiert zu werden, versetzte mir einen Stich. *Hier sitzt ein zerbrochener Engel und klagt an, mutet mir und uns mit seiner ganzen Existenz sein Elend zu*, dachte ich. Sicherlich tat sie das auch, weil sie arm war und das Geld brauchte. Ich schäme mich heute, dass ich ihr kein Geld in ihre Blechbüchse geworfen habe. Ich wollte nicht so sehr in ihre Nähe kommen. Und doch, oder vielleicht gerade deshalb, hat mich dieses Bild von der entstellten Straßenmusikerin und Bettlerin nicht mehr losgelassen und sich tief in meine Erinnerung an diese zauberhafte Stadt eingegraben. Die Botschaft dieses Engels war: „Geh nicht vorüber, sieh dir das Elend an und sei froh und dankbar, dass du nicht an meiner Stelle sitzen musst."

18.

Viel mehr als ein Pappschild

Als ich zum ersten Mal ein Foto von ihr sah, wie sie da alleine mit ihrem Pappschild vor dem Stockholmer Parlament saß, war ich sofort fasziniert von diesem mutigen, 16-jährigen Mädchen. Seit dem 20. August 2018 schwänzte sie jeden Freitag die Schule, um der Menschheit einen Schubs zu geben. „Skolstrejk för klimatet" – Schulstreik für das Klima –, mehr stand nicht auf ihrem großen Plakat. Doch diese ganz einfache Zeichenhandlung hat vor allem unter Schülern mit der Bewegung „Fridays for Future" (Freitage für die Zukunft) eine weltweite Protestbewegung ausgelöst.

Greta Thunberg wurde zu einem Medienstar, sie gab der Bewegung ihr Gesicht. Sie wurde eingeladen, vor den führenden Regierungs- und Wirtschaftsbossen in Davos und bei der Klimakonferenz in Kattowitz öffentlich zu sprechen. Viele waren fasziniert von diesem „kleinen Mädchen", das eher wie 13 als wie 16 wirkte. Und sie waren beeindruckt von der prophetischen Klarheit, mit der Greta Dinge formulierte, die eigentlich jedem bekannt waren, an die man sich aber mehr oder weniger gewöhnt hatte.

Ich musste unwillkürlich an die Zeichenhandlungen der Propheten im Alten Testament denken, zum Beispiel an den Propheten Jesaja, von dem man berichtet, er sei drei Jahre lang nackt in Jerusalem umhergelaufen (Jesaja 20,3). Der Grund dafür: Er wollte die Bewohner der Stadt anschubsen, aufwecken und darauf hinweisen, dass ihnen eine schwere militärische Niederlage bevorstehe. Nackt war er deshalb, weil Kriegsgefangene oft nackt dargestellt wurden. Seine Zeichenhandlung, seine offensichtliche Warnung an das Volk Israel lautete also:

„Wenn es so weitergeht wie bisher, dann wird euch nichts mehr bleiben, noch nicht einmal die Kleidung ..."

Mit Sätzen wie *„Ich will, dass ihr in Panik geratet. Ich will, dass ihr die Angst spürt, die ich jeden Tag spüre. [...] Ich will, dass ihr handelt, als würde euer Haus brennen. Denn es brennt."* hat sich Greta Thunberg natürlich nicht nur Freunde gemacht. Kaum wurde Greta über die Grenzen Schwedens hinaus bekannt, brach im Internet auch schon ein unglaublicher Shitstorm gegen die 16-Jährige und ihre Familie los. Ihre Eltern, so manche dieser Stimmen, hätten sie zur Klimaaktivistin getrimmt und würden das Mädchen „missbrauchen" als Gallionsfigur für ihre kranken und apokalyptischen Ansichten. Doch was viele anfangs nicht wussten: Greta Thunberg hat eine Entwicklungs- und Verhaltensbesonderheit, die sich Asperger-Syndrom nennt, eine Form des Autismus. Ohne diese besondere Einschränkung, so sagt Greta selbst, hätte sie sich wohl niemals so für das Klima eingesetzt.

Typisch für Menschen mit Asperger ist ein rigoroses Schwarz-Weiß-Denken, also eine Radikalität, wie sie in vielem, was die junge Schwedin formuliert, zum Ausdruck kommt. Menschen mit Asperger haben zwar Probleme, sich in andere hineinzuversetzen, können jedoch gut alleine sein und besser als manch andere mit (sozialer) Kritik umgehen. Oft sind diese Menschen auf einem oder mehreren Gebieten hochbegabt und sehen die Dinge schärfer und klarer als andere, nehmen jedoch vieles nur selektiv wahr.

Seit einigen Jahren bin ich mit Gert Mittring befreundet, auch bei ihm wurde schon sehr früh das Asperger-Syndrom diagnostiziert. Dieser wunderbare Mensch hat zwei Doktortitel und ist elffacher Weltmeister im Kopfrechnen. Wenn ich jedoch mit ihm unterwegs bin oder wir uns irgendwo treffen, stelle ich immer wieder fest, dass er auf ganz andere Dinge (Zahlen, Nummernschilder usw.) achtet als ich. Diese verengte (man könnte auch sagen auf elementare Dinge konzentrierte) Sichtweise ermöglichte auch Greta Thunberg ihren eisernen Willen und ihre (für manche fast nervige) Unbeirrbarkeit. Und das Schlimme daran ist die Tatsache, dass sie recht hat und dass sie uns Erwachsenen den Spiegel vorhält: „Ihr habt es vergeigt. Ihr zerstört unsere Zukunft!"

Wie krank muss eine Gesellschaft sein, die es einem Kind überlässt, Anklage zu erheben gegen eine Menschheit, die kräftig an genau jenem Ast sägt, auf dem sie sitzt? Mit acht Jahren lernte sie in der Grundschule die Folgen des Klimawandels und der Erderwärmung kennen. Diese Erkenntnis hat sie nach und nach so erschüttert und beeindruckt, dass sie begann, ihr Leben zu ändern: Sie schaltete immer die Lichter im Haus aus und zog die Akkuladegeräte aus den Steckdosen, um Energie zu sparen. Eine Zeit lang weigerte sie sich zu essen – aus Protest gegen die Ignoranz der Erwachsenen, aber auch aus Hilflosigkeit. Ihre Aktion, freitags für das Klima die Schule zu schwänzen, war vermutlich ihr persönlicher Weg aus dieser Sackgasse der Hilflosigkeit und Frustration.

„Ich habe gelernt, dass man nie zu klein dafür ist, um einen Unterschied zu machen", sagt sie. Und weiter: *„Wir können die Welt nicht retten, indem wir uns an die Spielregeln halten. Die Regeln müssen sich ändern, alles muss sich ändern, und zwar heute."*[10]

Natürlich hat sie recht. Immer wenn große Klimakonferenzen angesagt wurden, dachte ich mir: *Da fliegen sie jetzt wieder aus allen Teilen der Erde mit dem Flugzeug hin, schaden so auch wieder dem Klima und letztendlich kommen dann nur Berge von Papier, Absichtserklärungen und wachsweiche Verträge heraus, die schlimmstenfalls einfach wieder aufgekündigt werden.*

Als sich dann auch noch deutsche Wirtschaftsvertreter und Politiker hinstellten und den Ausstieg aus der „Kohleverstromung" für das Jahr 2038 verkündeten, habe ich ratlos in die Röhre geblickt und mir gedacht:

Das dauert alles viel zu lange! Haben die denn nicht begriffen, wie sehr sich das Klima schon verändert hat? Merken sie nicht, dass die Sommer auch bei uns immer heißer werden, dass (auch bei uns) die Wirbelstürme zunehmen?

Tornados gab es früher in Deutschland nicht, zumindest nicht in diesem Ausmaß. Die Umweltkatastrophen nehmen weltweit zu, das müsste doch mittlerweile jede/-r sehen.

Greta Thunberg sieht es. Klar und deutlich. Sie bezieht sich bei ihren einfachen wie klaren Ansagen nicht auf irgendwelche Verschwörungstheorien oder eigene Hirngespinste, sondern auf die neuesten wissenschaftlichen Erkenntnisse, auf Klimaforscher wie Michael Mann, der ebenso kompromisslos formuliert: *„Die Träumereien über eine langsame Anpassung an den Klimawandel müssen schnell ein Ende finden, denn die harte Realität eines immer schneller werdenden Rhythmus von Störungen und Unvorhersehbarkeiten ist bereits eingetreten.“*[11]

1981 habe ich, mit 21 Jahren, meine erste LP (Langspielplatte, heute: CD oder Download) unter dem Titel „Mensch, bist du's wirklich?" veröffentlicht. Auf diesem Album befanden sich bereits drei Songs, die sich mit dem Thema Klimawandel auseinandersetzen. Seitdem hat mich dieses Thema immer wieder beschäftigt. Deshalb ziehe ich heute meinen Hut vor Greta Thunberg und allen, die sich von ihrer radikal konsequenter Haltung anstecken lassen. Wäre ich heute ein Schüler, ich wäre auf jeden Fall bei *„Fridays for Future"* dabei! Dass

Greta Thunberg nach dem Überfall der Hamas auf Israel „free Palestine" forderte, ist jedoch wohl auch ihrem radikalen Asperge-bedingten Schwarz-weiß-Denken geschuldet.

Wo sind die Studenten und Studentinnen? Wo sind alle, die das Ganze in Zukunft noch viel mehr als unsere Generation betrifft? Unsere Generation hat an diesem Punkt versagt. Wir waren mit anderem beschäftigt. Als Student habe ich Anfang der 1980er-Jahre gegen die Startbahn West am Flughafen Frankfurt/Main und in Wackersdorf demonstriert. Wir hatten einfach andere Themen wie den Kalten Krieg sowie den NATO-Doppelbeschluss und die damit verbundene Stationierung von US-Atomraketen auf deutschem Gebiet. Doch das Thema Klimawandel schwelte bereits im Hintergrund.

Wie geht es nun weiter? Wie lasse ich mich von Greta anschubsen? Wie motivieren? Ich denke, indem ich die Augen öffne und achtsam werde: Wo kann ich Energie sparen? Wo kann ich Plastikmüll vermeiden? Wohin kann ich zu Fuß gehen oder mit dem Fahrrad fahren? Wie wähle ich künftig meine Urlaubsziele aus? Muss es immer die Fernreise mit dem Flieger sein? Wo verschwende ich unnötig Ressourcen, z. B. beim Kleider- und Schuhkauf?

Das Mindeste, was dieser Schubs bewirken wird, ist, dass wir umweltbewusster denken, dass wir mehr auf Nachhaltigkeit und Klimaverträglichkeit achten und dass wir den Politikern (und als Konsumenten der Industrie) mehr Druck machen – gerade auch nach dem Covid-19-Lockdown, wo so vieles neu anfing und viele vielleicht zum ersten Mal die Gelegenheit hatten, darüber nachzudenken, wie sie eigentlich leben wollen.

Durch die Corona-Krise aufgerüttelt, entwickeln viele Menschen eine neue Sensibilität für das, was wirklich zählt und uns trägt. Die Welt hält inne und Ausschau nach Menschen und Boten, die uns neu beflügeln und den Weg in eine in vielerlei Hinsicht nachhaltige und behütete Zukunft weisen. Dabei kann jeder Mensch durch den eigenen Lebensstil täglich ein Hoffnungszeichen setzen. Manchmal braucht es dafür nur Mut oder Frust und ein Pappschild.

„Und wenn morgen die Welt untergehen würde,
so würde ich heute noch ein Apfelbäumchen pflanzen."
Martin Luther

IV
So habe ich Engel erlebt

Begegnungen mit Engeln mitten im Leben

Leih mir deine Flügel, wenn die Schwerkraft siegt,
schau, wie meine Freude schlaff am Boden liegt.
Leih mir deine Flügel, ich will hoch hinaus und die Welt
neu sehen von dort oben aus.

Clemens Bittlinger

Als ich in Gesprächen mit Menschen erwähnt habe, dass ich ein Buch über „Engel" schreibe, fingen viele sofort an zu erzählen: *„Ja, die gibt es! Da habe ich Folgendes erlebt ..."* Oder: *„ ... in meiner Familie wurde folgende Geschichte erzählt."* Selten habe ich jemanden getroffen, der mit dem Thema Engel nichts anzufangen wusste. Ich hatte oft sogar den Eindruck, meine Gesprächspartner waren froh und dankbar, dass ich dieses Thema einmal aufgegriffen habe und ernst nahm.

Von all dem, was mir zugetragen wurde oder ich selbst erleben durfte, habe ich einige Geschichten ausgewählt, um deutlich zu machen, wie unterschiedlich Menschen mitten im Leben den „Flügelschlag" eines himmlischen Gesandten erleben.

19.

Mehr als ein Gelber Engel

Wir waren noch Schüler und besuchten die 12. Klasse des Gymnasiums. Meine Freundin (und heutige Frau) und ich waren auf dem Weg in die Schweiz, wo meine Eltern wohnten. Ich war damals der stolze Besitzer eines VW Variant, eines großartigen, stabil gebauten Blechwerks. Der Motor hatte einen Doppelvergaser und befand sich hinten unter einer großen Klappe im Laderaum des Kombis. Fröhlich und gut gelaunt fuhren wir auf der Autobahn Richtung Süden.

Plötzlich, kurz vor Stuttgart, hörten wir einen lauten Knall und das Auto kam ins Schlingern. Vorsichtig bremste ich ab und brachte den Wagen auf der Standspur zum Stehen. Wir stiegen aus und konnten es sofort sehen: Der rechte Hinterreifen war geplatzt.

Was nun? Wir hatten weder ein Ersatzrad dabei noch Werkzeug, um die festgerosteten Schrauben lösen zu können. So ein Mist! Es war klar, wir mussten den ADAC um Hilfe bitten. Also hielten wir Ausschau nach der nächsten Notrufsäule; Handys gab es damals, Ende der 1970er-Jahre, ja noch nicht.

Kurz bevor wir uns auf den Weg machen wollten, sahen wir, wie ein großer ADAC-Abschleppwagen mit breiter Ladefläche auf dem Standstreifen der Gegenfahrbahn hielt. Ein Mann im ADAC-Overall stieg aus, schaute nach links und überquerte im Laufschritt die beiden Fahrbahnen. Er begrüßte uns knapp und besah sich das Malheur. Dann rannte er zurück zu seinem Gefährt und holte von der Ladefläche einen einzelnen Reifen mit Felge (ansonsten war die Ladefläche, soweit wir sehen konnten, leer) mitsamt Wagenheber und Werkzeug und kam zu uns zurück. Geschickt und mit wenigen Handgriffen bockte er den Wagen auf, löste die Schrauben und nahm den geplatzten Reifen samt Felge herunter. Dann montierte er das neue Rad und senkte den Pkw wieder ab.

Staunend, sprachlos und sicherlich mit offenem Mund standen wir dabei und wussten nicht, wie uns geschah. Er lächelte uns an, nahm den demolierten Reifen und sein Werkzeug mit und machte sich auf den Weg zurück zu seinem Fahrzeug. Ein herzliches „Danke!" konnten wir ihm noch hinterherrufen und dann war er auch schon wieder weg.

Vom ersten Knall auf der Fahrbahn bis hin zu unserer Weiterfahrt dauerte das Ganze gerade mal 20 Minuten. Erstaunt sahen wir uns an: *Was war denn das?* Was für ein Zufall, dass dieser ADAC-Pannendienst ausgerechnet jetzt vorbeikam und dann auch noch unter Hunderten von Möglichkeiten genau den für uns passenden Reifen samt Felge im Gepäck hatte. Wir waren uns einig: Das war nicht nur ein „Gelber Engel", so wie die gelben Abschleppwagen genannt werden, sondern ganz offensichtlich ein echter Engel.

„*Es kommt in der Welt vor allem auf die Helfer an –*
und auf die Helfer der Helfer."
Albert Schweitzer

20.

Zurückgehalten von einer Kraft

Eine Freundin erzählte mir:

Es war 1984. Ich machte damals eine Ausbildung als Schneiderin in Frauenaurach bei Erlangen. Da mein Mann und ich in Erlangen wohnten, musste ich täglich mit dem Bus die Strecke von rund sieben Kilometern nach Frauenaurach fahren. Eines Nachmittags, nach einem langen Arbeitstag, hatte ich mich etwas verspätet und hastete zur nächsten Bushaltestelle. Um dorthin zu gelangen, musste ich eine große Ampelkreuzung überqueren. Ich rannte bis zur roten Fußgängerampel auf der Verkehrsinsel und sah, wie der Bus bereits die Haltestelle anfuhr. Ich war wie blind getrieben von dem Wunsch, unbedingt diesen Bus zu erreichen (der nächste fuhr erst eine halbe Stunde später), und wollte einfach bei Rot losrennen, stand aber noch mit beiden Füßen auf der Verkehrsinsel. Kurz bevor ich die Verkehrsinsel verließ und die ersten Schritte auf die Straße gesetzt hätte, wurde ich aber mit Gewalt zurückgerissen.

Auf Höhe des Ampelmastes riss völlig überraschend eine Kraft meinen Arm hoch, sodass ich mich selbst am Ampelmast einhakte und abrupt vor einem an mir schnell vorbeifahrenden Auto stehen blieb. *Was war das?*, dachte ich. Und dann: *Wer hatte mich vor einem schweren Verkehrsunfall gerettet?*

Vor lauter Schreck kamen mir die Tränen – auch weil mich ein warmes Gefühl durchströmte, gerettet worden zu sein. Für mich war das eindeutig mein Schutzengel."

21.

Der weiß schimmernde Mann

In einer Bauersfamilie erzählt man sich die Geschichte von dem vierjährigen Enkel Josef, der immer gerne auf dem Hof geholfen hat und neugierig bei allem zugegen war:

Eines Tages wurde wieder der große Göpel angeworfen, eine mit Dampf betriebene Kraftmaschine mit großen, horizontal und vertikal ausgerichteten Zahnrädern. Wenn diese Maschine erst mal lief, musste man sich ihr mit größter Vorsicht nähern, denn aufgrund ihres langen Nachlaufs war es nicht möglich, sie im Notfall einfach abrupt zu stoppen.

Neugierig betrachtete der kleine Josef das Geschehen. So eine große und eindrucksvolle Maschine hatte er noch nie aus nächster Nähe gesehen. Alles, was mit Maschinen und Technik zu tun hatte, faszinierte ihn, und in einem unbeobachteten Moment trat er näher, um sich das große Zahnrad und die Funktionsweise dieses Apparates einmal genauer anzusehen.

Als er so interessiert die Maschine relativ nah umrundete, stolperte er plötzlich über ein auf dem Boden liegendes Brett und geriet ins Straucheln. Er ruderte mit den Händen, da er das Gleichgewicht zu verlieren drohte. Panik stieg in ihm auf und er schrie laut auf, als er spürte, wie der Stoff seiner Hose von dem großen Zahnrad erfasst wurde und ihn mit sich zog. Kurz darauf spürte er schon, wie seine Beine bereits an den Zahnrädern waren und drohten zerquetscht zu werden.

In diesem Moment blieb die Maschine abrupt stehen. Technisch war das eigentlich nicht möglich, denn das Göpelwerk hatte einen langen Vor- und Nachlauf. Auch hatte niemand einen Schalter oder Ähnliches betätigt. Mit einem leicht gequetschten Bein und einem riesigen Schrecken, aber sonst unversehrt, zogen die Großeltern ihren Enkel weg von der Maschine.

Später berichtete einer der Arbeiter des Hofs den Großeltern von einem weiß schimmernden Mann, den er an der Maschine gesehen habe, und zwar in dem Moment, als sie stehen blieb.

Wesen mit Flügeln

Es werden wohl selten Wesen mit weißen Flügeln sein,
die uns auf Erden begegnen, die uns von Angst befrein,
oft sind es flüchtig Bekannte, auch Freunde setzen sich ein,
manchmal sogar Verwandte können für uns Engel sein.

Es werden wohl kaum Gesänge vom Himmel hörbar sein,
inmitten irdischer Klänge, dem Lärm und dem Geschrei,
oft sind es ganz leise Töne, was zwischen den Zeilen erklingt,
kann heilen, uns versöhnen, wenn es zur Seele dringt.

Es werden wohl keine Lichter am Himmel sichtbar sein,
aber auf manchen Gesichtern liegt dann ein heller Schein.
Da lässt in unseren Köpfen ein Licht in dunkler Nacht
uns neue Hoffnung schöpfen, und unser Herz erwacht.

Selten tauchen jene auf, die wir Engel nennen,
nehmen dabei wohl in Kauf, dass wir sie nicht erkennen.

Text: Clemens Bittlinger

22.

Nur mit den Augen

Vor vielen Jahren habe ich für den bereits erwähnten Liedermacher Gerhard Schöne eine kleine Tournee durch unser Bundesland Hessen organisiert. An fünf Orten fanden in Kirchen drei Kinder- und fünf Abendkonzerte statt. Das heißt, eigentlich waren es neun, denn da war noch dieses eine kleine, aber sehr bewegende Konzert ...

Während der Tournee erhielten wir die Anfrage, ob wir am Bett eines Schwerstgelähmten ein kleines Konzert geben könnten. Jürgen* sei ein großer Fan unserer Musik, könne aber aufgrund seines Zustandes keines unserer Konzerte besuchen. Spontan sagten wir zu, fuhren in ein Dorf im hessischen Landkreis Lahn-Dill und kamen schließlich zu der angegebenen Adresse. Herzlich wurden wir von der Familie begrüßt und in einen Anbau geführt, der extra für die Bedürfnisse von Jürgen hergerichtet worden war. Und hier lag er: Ein junger Mann, der komplett auf medizinische Apparate angewiesen war, künstlich ernährt wie beatmet wurde und sich nur über die Augen mit seiner Außenwelt verständigen konnte.

---

* Name geändert.

Ich erschauderte und fragte mich: War das noch ein Leben? Wer wollte so schon leben? Immer auf die Hilfe anderer angewiesen zu sein? Nie mehr in der Lage zu sein, selbstständig irgendetwas zu unternehmen? Doch die Eltern und Geschwister waren voller Hoffnung und voller Liebe für diesen Jungen, der offensichtlich im Kopf blitzgescheit und wach war. Und der auf die Frage, ob er weiterleben wolle, stets mit einem klaren und energischen Ja antwortete.

Über ein speziell mit ihm gemeinsam entwickeltes „Blinzelalphabet" begrüßte Jürgen uns herzlich und teilte uns mit, dass er sich über unseren Besuch sehr freue, ja, dass er gar nicht glauben könne, dass seine beiden Lieblingsliedermacher nun hier an seinem Krankenbett für ihn singen würden.

Wir packten unsere Gitarren aus und ermunterten ihn, uns seine Lieblingslieder zu nennen, die wir dann für ihn spielten. Ergriffen und zutiefst beeindruckt von der gesamten Situation musizierten und kommunizierten wir mit ihm auf diese Weise. Nach etwa einer Stunde deutete uns sein Bruder an, dass die Aufmerksamkeit von Jürgen nun langsam nachlasse. Wir beendeten unser „Konzert" und schenkten Jürgen noch etliche Tonträger aus unserem Repertoire. Dann verabschiedeten wir uns herzlich von ihm und dieser eindrucksvollen Familie.

„Ihr wart für uns wie ein himmlisches Geschenk, wir wissen gar nicht, wie wir euch danken können!", hörte ich den Bruder sagen. Doch Gerhard Schöne und ich empfanden es genau umgekehrt. Als Beschenkte verließen wir diesen besonderen Ort, der so voller Hoffnung und Liebe war. Wir waren uns einig: „Das war wohl das wichtigste Konzert auf unserer kleinen Tournee!" Ein wohl für immer ans Bett gefesselter querschnittsgelähmter Junge hatte uns eine himmlische Botschaft überbracht: „Das Leben ist ein Geschenk! Macht aus dem, was ihr habt, das Bestmögliche!"

An meinen Engel

Wie deutlich hab ich dich als Kind gespürt!
War mir vor Angst die Kehle zugeschnürt,
hast du gesungen mit Engelszungen
und mich ganz sicher an der Hand geführt.

Du warst der Anruf und der Liebesbrief.
Du warst die Rettungsleine aus dem Tief.
In vielen Schichten von Traumgesichten
warst du die Freundesstimme, die mich rief.

Du bist der Satz, der wieder Mut einflößt.
Du bist der Arm, der mich nicht von sich stößt,
bist Wahrheitsstreiter und Wegbegleiter,
du bist das Messer, das die Fesseln löst.

Als Zweifel hockst du mir oft im Genick,
hängst dann als Hoffnungsstern in meinem Blick.
In der Routine, Alltagsmaschine
spielst du ganz gern das kleine Missgeschick.

Du warst der stille Träger meiner Last,
der kühle Schatten und der späte Gast.
Im Buch die Zeilen, die Wunden heilen,
ich ahne, dass du sie geschrieben hast.

Mal warst du Fallstrick und mal Wanderstab,
das Wunder, das ich nicht erwartet hab.
Leg ich die Glieder zum Sterben nieder,
wirst du die Leiter sein aus meinem Grab.[12]

Text: Gerhard Schöne

23.

Die Engel der Gemeinden

In der Offenbarung des Johannes im zweiten und dritten Kapitel befinden sich die sieben Sendschreiben an die „Engel der Gemeinden" in Ephesus, Smyrna, Pergamon, Thyatira, Sardes, Philadelphia und Laodizäa. Ich bin im Laufe meiner Reisetätigkeit als Liedermacher vielen „Engeln der Gemeinde" begegnet. Auch wenn in den Sendschreiben an die oben stehenden Gemeinden wahrscheinlich eher die gemeindeleitenden Persönlichkeiten (Alpha-Tiere?) angesprochen werden, entdecke ich die „Engel der Gemeinde" in unseren Kirchen eher im Hintergrund.

Oft sind es Frauen, die sich mit Herz und Seele einbringen. Sie wollen, dass in ihrer Kirche etwas passiert, dass Gemeinde lebendig ist und etwas bewegt. Gerade auch in katholischen Gemeinden gibt es sehr engagierte Frauen, die sich einfach nicht damit abfinden wollen, dass sie in ihrer Kirche offiziell kaum etwas mitbestimmen können. An der Basis wiederum sieht es meist ganz anders aus: Die weiblichen „Engel der Gemeinde" setzen sich manchmal sogar gegen den Widerstand oder die Gleichgültigkeit der Hauptamtlichen ein und organisieren Eine-Welt-Basare, Konzerte, Seniorennachmittage, Hilfs- und Sammelaktionen für Flüchtlinge etc.

Die Initiatorinnen von „Maria 2.0" – einer von Frauen lancierten Initiative innerhalb der römisch-katholischen Kirche für den Zugang zu kirchlichen Ämtern, eine Aufhebung des Pflichtzölibats und eine umfassende Aufklärung der Missbrauchsfälle in der Kirche – haben zu Recht darauf hingewiesen und hier und dort auch spürbar werden lassen, was passiert, wenn die Frauen einfach mal wegbleiben, mal einen Monat lang keine Messe und keine Veranstaltung ihrer Pfarrgemeinde besuchen. So manches Gemeindeleben kam dabei praktisch zum Erliegen. Wenn ein „Engel der Gemeinde" stirbt, dann spürt das die Gemeinde.

Unweigerlich muss ich an eine Familie im Osten Deutschlands denken, die Küsterdienste für die verschiedenen Kirchen einer Großgemeinde ehrenamtlich mit viel Hingabe, Eifer und großem Stolz versah. Die ganze Familie war Küster: Eltern wie Großeltern und die erwachsenen Kinder sorgten eigenständig für einen permanent und problemlos funktionierenden „Dienstplan". Und als Küster gibt es viel zu tun: Kirchen wie Gemeindehäuser müssen regelmäßig gelüftet und geputzt werden, es braucht Blumenschmuck für den Altar und die richtigen Liednummern auf den Anschlagtafeln. Die Heizung muss gewartet und rechtzeitig ein- wie ausgeschaltet werden. Auch ist dafür zu sorgen, dass die Kirche rechtzeitig geöffnet oder geschlossen ist, bei Bedarf muss der Kirchenkaffee vorbereitet, die Bistrotische dafür aufgestellt und danach wieder abgebaut und verstaut werden.

Natürlich müssen Küster das nicht alles alleine machen. Sie sprechen Menschen an, die gerne mithelfen. Aber es muss jemand da sein, der alles im Blick hat und entsprechend organisiert. Vieles aber, was Küsterinnen und Küster leisten, geschieht im Hintergrund. Ich habe schon Küster-Ehepaare erlebt, die die Seele einer Gemeinde waren und ohne die gar nichts „gelaufen" wäre.

Ich denke da beispielsweise an eine Mutter von drei Kindern, die anfangs lediglich mit Duldung ihres Ehemanns und mit passivem Einverständnis des Pfarrgemeinderates *(„Wenn Sie das alles organisieren, dann haben wir nichts dagegen!")* vor vielen Jahren begonnen hat, in ihrer Gemeinde eine regelmäßige Konzertarbeit aufzubauen. Sie hatte die Vision und den Wunsch, dass wir unsere Musik (wenn ich „wir oder „unsere" sage, meine ich immer mich und meine Musiker) in ihrer Kirche vor vollem Haus mit der Gemeinde singen und sie mit hineinnehmen in unsere Art der Verkündigung. Zunächst besuchte sie mit einigen ihrer Freundinnen mehrere unserer Konzerte in der näheren und weiteren Umgebung. So ganz nach dem Motto: *Möchtest du mit anderen ein Schiff bauen, so wecke die Sehnsucht nach dem Meer.* Und das gelang ihr. Die anderen wurden überzeugt und gemeinsam wagten sie es, ein Konzert auszurichten und zu planen.

Um ein Konzert in einer Gemeinde durchzuführen, braucht es vor Ort immer eine „Peergroup", eine Gruppe von Menschen, die das wirklich wollen und die mit Flyern, Plakaten, Zeitungsartikeln und vor allem Mundzu-Mund-Propaganda für diese Veranstaltung werben und den Vorverkauf organisieren. Die wichtigste Werbung ist dabei tatsächlich das Weitersagen, denn viele kennen uns nicht. Unsere Lieder werden ja nicht permanent im Radio gespielt und auch Fernsehauftritte finden eher selten statt. Somit sind Lieder wie *„Aufstehn, aufeinander zugehn"* oder *„Sei behütet"* unsere besten Botschafter und Werbeträger.

Ehrlich gesagt, ein Konzert auszurichten, bedeutet viel Arbeit. Hinzu kommt dann das Bangen. Zwar lief in diesem Fall der Vorverkauf ganz gut, aber um eine große Kirche wirklich vollzubekommen, braucht es schon so zwischen 400 und 500 Besucher.

Am Ende war das erste Konzert in dieser Gemeinde ein voller Erfolg. Alle waren happy, rund 500 Personen, die uns zum Teil noch nie gehört hatten, vertrauten den werbenden Versprechungen dieser engagierten Frauentruppe. Aus der duldenden Haltung des Ehemannes entwickelte sich eine dezente Begeisterung und auch der Pfarrgemeinderat war nun der Meinung: „So etwas könnte ruhig öfter stattfinden!"

Solche „Engel der Gemeinden", die eine Vision entwickeln, wie Kirche sein kann, und den Mut haben, andere für diese zu begeistern und sie gemeinsam umzusetzen, öffnen nicht selten aus dem Hintergrund heraus Türen für andere Menschen. Sie werden dann manchmal auch zu Wegbegleitern, denen auch ich hier und da bereits zum Wegbegleiter werden durfte.

24.

Leipzig 1989

„Es war, als hätten uns Engel begleitet"

Nikolaikirche Leipzig. Wer diesen Namen hört, wird hellhörig. Aus den regelmäßigen Montagsgebeten für Gerechtigkeit, Frieden und Bewahrung der Schöpfung wuchs bis Ende der 1980er-Jahre eine große Bewegung, die Zehntausende auf der Straße versammelte, die friedlich gegen das DDR-Regime protestierten.

In der Zeit vom 7. bis 9. Oktober 1989 war die Lage in Leipzig so angespannt, dass man mit einer gewaltsamen Beendigung der wöchentlichen Friedensdemonstrationen seitens des SED-Staates rechnen musste. Als am 9. Oktober 1989 schließlich ausgehend von der Nikolaikirche rund 70.000 Menschen gewaltfrei und mit Kerzen in der Hand durch die Stadt zogen, wurde dieser Marsch bekannt als die „Friedliche Revolution" oder auch „Revolution der Kerzen", die schließlich zum Fall der Mauer und zum Ende des DDR-Regimes führte.

Inspiriert durch die Ereignisse rund um die Nikolaikirche entstand ein sehr eindrücklicher Dokumentarspielfilm mit dem Titel „Nikolaikirche", an dessen Ende der leitende Polizeioffizier jenen denkwürdigen Satz sagt: „Wir waren auf alles vorbereitet, nur nicht auf Kerzen und Gebete!"

Anlässlich eines Konzertes, das meine Musiker und ich in der Nikolaikirche geben durften, hatte ich die Gelegenheit und große Freude, mich mit dem ehemaligen Pfarrer der Nikolaikirche, Christian Führer, zu treffen. Wir verabredeten uns eine gute Stunde vor dem Konzert am Hauptportal der Nikolaikirche.

Ein wenig verspätet traf ich ein. Am Haupteingang stand ein nicht allzu großer, weißhaariger älterer Herr in Freizeitkleidung mit einer Jeansweste und beobachtete aufmerksam das Geschehen vor dieser Kirche.

Das also war er, der Mann, vor dem das DDR-Regime so sehr zitterte, dass man, schon als er noch evangelischer Pfarrer in einem kleinen Dorf war, etliche Stasi-Spitzel auf ihn angesetzt hatte. „Am Ende waren es insgesamt 28 Beobachter", wie er mir später schmunzelnd erzählte. Eine Lichtgestalt, ein „Engel der Gemeinden" auch für uns Christen im Westen, einer, der seinem Herzen gehorchte und seinen Glauben lebte „vom Altar auf die Straße", wie er selbst sagte.

Für mich als Vikar und angehenden Pfarrer war dieser Mann Ende der 1980er- und Anfang der 90er-Jahre sehr wichtig. Denn er machte mir deutlich: Es war möglich, Kirche konnte auch heute noch die Gesellschaft grundlegend verändern und zum Guten beeinflussen. Die Bergpredigt war nicht nur hehre Theorie, sondern auch ein ethischer und spiritueller „Fahrplan für Christen".

Wir begrüßten uns und setzten uns an einen Tisch der „alten Nikolaischule", eines Restaurants auf dem Nikolaiplatz, links vor dem alten Pfarrhaus. Alles hier atmete jüngste Geschichte, auch das Pfarrhaus, in dem viele, die damals von der Stasi verhaftet werden sollten, Zuflucht fanden. Denn „das Pfarrhaus haben die Uniformierten eigenartigerweise stets respektiert und nie betreten", erzählte Christian Führer. Über den beiden Eingangstüren des Pfarrhauses sind zwei Bibelverse eingemeißelt, die angesichts der Situation der Kirche in der DDR und der Ereignisse noch einmal eine ganz besondere Bedeutung bekamen:

„Des Herrn Wort bleibet in Ewigkeit, das ist aber das Wort, welches unter euch verkündigt wird" (1. Petrus 1,25). Das Regime beabsichtigte ja die Kirchen nach und nach auszutrocknen und irgendwann ganz abzuschaffen. Dieser Vers aber hielt trotzig dagegen und verwies die SED-Ideologie auf das Bänkchen der Vergänglichkeit. Dass dieses „Wort des Herrn" weiter verkündigt wurde und nun auf einmal mehr und mehr in Anspruch genommen wurde, musste den Atheisten absolut ein Dorn im Auge gewesen sein.

Über der anderen Tür steht: *„Der Gerechte wird des Glaubens leben, wer aber weichen wird, an dem wird meine*

Seele kein Gefallen haben" (Hebräer 10, 38). Diese Worte standen da, einem Regime ins Stammbuch geschrieben, das nicht gerecht war, in dem keine Meinungsfreiheit galt und die Menschenrechte mit Füßen getreten wurden, aber auch für all jene sicht- und lesbar, die dabei waren „zu weichen", die nur noch wegwollten und die auf diesen Staat keinen Pfifferling mehr gaben.

Die Montagsgebete begannen mit der Idee, der der Kirchenvorstand zustimmte, die Friedensdekade 1981 mit zehn Friedensgebeten in der Nikolaikirche einzuführen. Den Abschluss bildete am späten Abend des 18. November ein Friedensgebet mit einer Kreuzmeditation.

Auf dem Platz rund um die Kirche trafen sich stets viele Jugendliche, die mit Kirche ansonsten „nichts am Hut hatten". Diese lud Christian Führer ein. Es kamen etwa 130 meist junge Leute, bunt gemischt. Die meisten von ihnen hatten ganz offensichtlich schon sehr lange nicht mehr oder noch nie eine Kirche betreten. Sie versammelten sich im Altarraum der Kirche um ein selbst gezimmertes, großes Holzkreuz, das auf dem Boden lag, daneben ein Korb mit Kerzen. Dieses Holzkreuz steht auch heute noch im Altarraum.

Pfarrer Führer wies auf das Kreuz auf dem Boden und sagte zu den jungen Menschen, die sich offensichtlich dem Staat nicht anpassen wollten: „Nun wollen wir doch mal sehen, wer in dieser Woche aufs Kreuz gelegt wurde, wo das geschieht und mit wem das passiert! Wer dazu etwas sagen möchte, kann eine Kerze anzünden."

Er rechnete mit sieben, vielleicht acht Kerzen. Doch es kam Bewegung in die Gruppe und praktisch jeder und jede wollte eine Kerze anzünden. Und so entstand aus dem schlichten Holzkreuz ein leuchtendes Kreuz. Ein Lichtermeer. Ein Auferstehungskreuz. Und die Jugendlichen wollten gar nicht mehr weg. Endlich gab es einen Raum in ihrer Heimatstadt, in dem sie nicht reglementiert wurden, in dem sie offen zum Ausdruck bringen durften, was sie bewegte und bedrängte. Das gab es sonst nirgendwo. Wie schön, dass nun die Kirche solch ein Ort sein durfte!

Mit einem „Dona nobis pacem", das wohl eher einem „Gottesgebrüll" glich, ging dieser denkwürdige Abend weit nach Mitternacht zu Ende. Ein Abend der Befreiung in einer wunderbaren Atmosphäre. Von da an war diese Kirche ein Treff- und Sammelpunkt für all jene, die mit dem SED-Staat unzufrieden waren, die bleiben wollten, wo sie waren, aber nur dann, wenn sich wirklich etwas ändern würde. *Offen für alle* – das steht noch heute außen an der Nikolaikirche und es stimmt bis heute.

„Viele haben mich angesprochen und bewundert für meinen Mut", erzählt Christian Führer, „aber ich bin eigentlich gar kein mutiger Mensch, ich lebe aus dem Glauben an Jesus Christus, und wer seinem Herrn vertraut und losgeht, der bekommt den Mut geschenkt. Viele beklagen sich, dass sie im Glauben keine Erfahrungen machen, aber wer nicht bereit ist zu vertrauen und loszugehen, wird auch keine Erfahrungen machen!

Es war uns immer wichtig zu fragen: ‚Wie würde Jesus handeln' – daraus ergab sich alles andere!"

Und dann ergänzt er so einfache Sätze wie: „Egal wie schlecht eine Situation sein mag, wir haben immer eine Alternative und die heißt Jesus!" Und er fügt schmunzelnd hinzu: „Wenn das irgendein Schwärmer sagt, dann klingt das komisch, aber wir haben hier diese Geschichte mit der Nikolaikirche und dem 9. Oktober 1989, wir haben hier den historischen Beweis, dass es stimmt!"

Ein wenig sprachlos und beschenkt sitze ich Christian Führer gegenüber, der mich mit hineinnimmt in die wundersamen Ereignisse von damals. Zwischen der hinteren Nebentür und dem Pfarrhaus ist eine Bronzetafel mit der Inschrift „9. Oktober 1989" in den Boden eingelassen. Darüber sieht man lauter Fußabdrücke: Stöckelschuhe, Sandalen, Turnschuhe und normale Schuhe. Bei diesem Anblick fiel mir ein Lied ein, das ich 1987 geschrieben hatte und von dem ich wusste, dass es bereits zu DDR-Zeiten auch dort in den Gemeinden verbreitet war:

Schritte wagen im Vertraun auf einen guten Weg,
Schritte wagen im Vertraun, dass letztlich er mich trägt,
Schritte wagen, weil im Aufbruch ich nur sehen kann:
Für mein Leben gibt es einen Plan.

Und dann in einem der Verse:

Schritte kann man manchmal hören,
Kindertrippeln, Stöckelschuh,

Gleichschrittschritte, die mich stören,
Schritte kommen auf mich zu.

Angesichts dieser in Bronze gegossenen Fußabdrücke erzählt er mir von den vielen Menschen, die in den 1980er-Jahren Ausreiseanträge gestellt hatten und nur noch eines wollten: weg! Das wurde immer schlimmer und so gab es ab Mitte der 80er-Jahre eine Gegenbewegung, die sagte: „Wir bleiben hier!" Auch diese Bewegung wurde Teil der Friedensgebete.

Als dann am 9. Oktober 1989 die 70.000 Menschen durch die Straßen zogen, wurden die Volkspolizisten, die da in Massen aufmarschiert waren, von den Demonstrierenden verbal angegangen: „Für wen steht ihr eigentlich hier, wen sollt ihr denn schützen? Die paar Greise in Berlin oder das Volk? – Wir sind das Volk!"

„Wir sind das Volk!" – eine Aussage, die angesichts von 70.000 Menschen nicht zu leugnen war. Und noch ein anderer Ruf hielt die etwa 15.000 bereitstehenden Polizisten davon ab, loszuschlagen. Ein Ruf, der sowohl für die Demonstrierenden wie auch für die Sicherheitskräfte gedacht war: *Keine Gewalt!"* In diesen beiden Worten war die Bergpredigt Jesu auf den Punkt gebracht. Und die Menschen haben das nicht bloß gedacht oder gerufen, sondern aus der Kirche mit auf die Straße genommen.

Das „Wunder von Leipzig" war letztlich, dass es tatsächlich keine Gewalt gab. Wie leicht hätten ein paar (angeheuerte) Randalierer die Atmosphäre kippen können … Dann hätte der Staat in seiner ganzen Härte zugeschlagen. Die Situation am Abend des 9. Oktober war lebensgefährlich. Wer demonstrierte, riskierte sein Leben, und in den Krankenhäusern waren die Ärzte bereits angewiesen worden, Bettenkapazitäten frei zu halten für Menschen mit Schussverletzungen.

Diese friedliche Revolution im Geist der Gewaltlosigkeit Jesu war ein Wunder biblischen Ausmaßes! „Es war, als hätten Engel uns begleitet und den Frieden und die Gewaltlosigkeit nach allen Seiten getragen!", sagte jemand.

Was ihr tut

„Was ihr tut, das tut mit Liebe,
liebend tut das, was ihr tut!"
Diesen Rat gibt uns die Bibel:
Liebe ist das höchste Gut.

Morgens aufzustehen, zu dem Spiegel gehn,
das Gesicht zu mögen, das wir vor uns sehn,
wär ein guter Anfang jeden neuen Tag,
Liebe kann nur üben, wer sich selber mag.

Mittags im Getriebe kostet es viel Kraft,
auch das noch zu lieben, was man täglich schafft.
Arbeit ist doch Arbeit und macht selten Spaß,
Liebe hier zu üben, Mensch, das wär doch was.

Abends kann ich beten: „Danke für die Zeit.
Danke, ich darf leben!" Und die Dankbarkeit
schärft uns unsere Sinne, stärkt der Liebe Kraft
und lässt in uns wachsen neue Leidenschaft.

Text: Clemens Bittlinger

25.

Engel = Jahresendflügelfigur

Den größten Teil meiner Kindheit und Jugend habe ich in Unterfranken, im sogenannten Zonenrandgebiet verbracht. Der „Eiserne Vorhang" befand sich etwa fünf Kilometer von der Kleinstadt entfernt, in der ich zur Schule ging und später auch das Abitur machte. Nicht zuletzt aufgrund der massiven Präsenz amerikanischer Soldaten (mit regelmäßigen Truppenübungen) in unserer Region war uns stets bewusst: Wir lebten in der US-amerikanischen Besatzungszone und die DDR, das war die sowjetische Besatzungszone. Für die Bewohner des Zonenrandgebietes gab es den sogenannten „kleinen Grenzverkehr", d. h., wir durften als Westdeutsche immer wieder und auf Antrag bestimmte grenznahe Ort wie z. B. Meiningen mit einem Tagesvisum besuchen. Bei einem dieser Besuche Mitte der 1970er-Jahre entdeckte ich in einem Schaufenster einen aus Holz gedrechselten Engel mit dem Hinweisschild „Jahresendflügelpuppe".

Das atheistisch geprägte Regime der DDR unternahm Anfang der 1970-Jahre den halbherzig geführten und letztlich vergeblichen Versuch, den Begriff „Weihnachten" aus dem offiziellen Sprachgebrauch der DDR zu entfernen. Aus „Weihnachten" sollte das „Jahresabschlussfest des Friedens", aus dem Weihnachtsbaum ein „Jahresabschlussbaum" und aus dem Engel eine „Jahresendflügelfigur" werden. Aber irgendwie hatte dann doch das SED-Regime Skrupel, den beruhigenden wie heimatstiftenden Charakter des Weihnachtsfestes einfach aufzugeben.

Wohl aus Spott über die vergeblichen ideologisch motivierten Versuche, mit absurden Wortneuschöpfungen die Glaubensromantik der Ostdeutschen zu torpedieren, hat sich der Begriff „Jahresendflügelfigur" bis heute in der fröhlichen Erinnerung der Ostdeutschen gehalten. Anlass genug, diesem Engel ein Lied zu widmen. Dabei spreche ich den Engel hinter der absurden Bezeichnung „Jahresendflügelpuppe" (besser bekannt auch unter dem Begriff „Jahresendflügelfigur") direkt an. Denn ein Engel bleibt ein Engel, auch wenn jemand versucht ihn mangels spiritueller Sensibilität umzubenennen.

Jahresendflügelpuppe

Jahresendflügelpuppe, Engel gab's nicht mehr
in der Sowjetzone, denn die DDR
wollte laut verbaren: „Engel gibt es nicht!"
Doch im Erzgebirge strahlte stets dein Licht.

Jahresendflügelpuppe, du standst im Regal
einsam und verloren ohne Kind und Stall.
Als ein Flatterwesen ohne großen Sinn
konnte man dich kaufen, stellten sie dich hin.

Jahresendflügelpuppe, welches kranke Hirn
konnte das erdenken, welche flache Stirn?
Du warst stets zugegen, nicht erst im Advent
standest du zur Seite manchem „Dissident".

Jahresendflügelpuppe, Hoffnungslosigkeit
macht sich wohl auch heute in so manchem breit.
Neue Hoffnung schenken, kann ein Bote nur,
der vom Himmel kommend kennt die Hoffnungsspur.

Jahresendflügelpuppe, hätt man dich gefragt,
ob es Engel gäbe, hättest du gesagt:
Man kann sie doch spüren, ständig sind sie da,
wer mit ihnen rechnet, ist dem Himmel nah.

Text: Clemens Bittlinger

26.

Keine Panik auf der MS Artania

Reisen mit Kreuzfahrtschiffen sind umstritten, ich weiß. Heute vielleicht mehr denn je. Doch immer wieder hatte ich in den vergangenen Jahren die ehrenvolle Aufgabe, als Bordpfarrer die Passagiere und Crew eines Kreuzfahrtschiffs auf den Weltmeeren zu begleiten. Eine schöne Aufgabe! Im März 2020 war es mal wieder so weit.

Die Bordseelsorge der Evangelischen Kirche in Deutschland (EKD) hatte mich beauftragt, die MS Artania von Sydney aus vier Wochen durch die Südsee bis Lima (Peru) zu begleiten. Unser Flug nach Sydney war für den 11. März 2020 geplant, da war die Corona-Krise schon in aller Munde. Immer wieder fragte ich beim Reiseveranstalter nach, ob die Reise auch wirklich stattfinden könne. Die Antwort lautete jeweils: „Es gibt nur wenig sicherere Orte auf der Welt als ein Kreuzfahrtschiff, das nicht aus einer Krisenregion kommt!" Auch vom Auswärtigen Amt gab es zum Zeitpunkt unseres Abflugs keine Reisewarnung. Also flogen wir los.

Als wir nach rund 20 Stunden Flugzeit in Sydney ankamen, erreichte uns, gewissermaßen im Stundentakt, eine Hiobsbotschaft nach der anderen. Zunächst hieß es, die Häfen der französischen Gesellschaftsinseln (z. B. Tahiti) hätten für Kreuzfahrtschiffe dichtgemacht, dann kam Neuseeland dazu und schließlich hörten wir:

„Alle Häfen und auch alle Flughäfen sind dicht. Die geplante Südseereise kann so nicht stattfinden." Wir hatten gehofft, der sich zu Hause in Deutschland abzeichnenden „Corona-Hysterie" noch gerade rechtzeitig entfliehen zu können. Doch Covid-19 war schneller. Schneller, als alle das für möglich gehalten hätten.

Alle Passagiere wie auch die Künstler (als Bordpfarrer zählt man zu den sogenannten „Tageskünstlern") wurden nun vor die Wahl gestellt: Entweder sofort wieder nach Hause fliegen oder sich mit der Besatzung auf eine große, nie da gewesene Abenteuerreise begeben: in 28 Tagen nonstopp von Sydney nach Bremerhaven. Von den rund 1.000 Passagieren und Künstlern entschieden sich rund 800 Personen für dieses „Abenteuer". Meine Frau war ebenfalls als „Tageskünstlerin" für psychologische Angebote mit an Bord und unsere beiden erwachsenen Kinder begleiteten uns. Wir vier waren uns nach dem gerade überstandenen, elend langen Flug einig, dass wir uns auf dieses Abenteuer einlassen würden. Klar war für mich, dass ich als Pfarrer an Bord sowieso bleiben musste. Es war ja nicht abzusehen, wie sich das Ganze noch entwickeln würde, und wenn es zur Krise käme, bräuchten manche ja auch einen geistlichen und seelsorgerlichen Ansprechpartner. *„In 28 Seetagen kann eine tolle Gemeinschaft entstehen"*, dachte ich zudem und natürlich reizte mich die Aufgabe auch. So begann das Abenteuer. Wir genossen noch drei weitere Tage in Sydney, während unser Schiff voll betankt wurde sowie Lebensmittel und Getränke für 28 Tage Seefahrt „gebunkert" wurden. Am Mittwoch, den 18. März legte die MS Artania dann ab. Der Plan war, auf der schnellsten Route von Sydney aus über den Suezkanal und durch die Biskaya nach Bremerhaven zu fahren. Im Schneckentempo durchfuhren wir zunächst die Tasmanische See und umrundeten Südaustralien. Es hieß, man wolle noch einen letzten Zwischenstopp in Fremantle einlegen. Vielleicht könne man ja da noch mal an Land gehen.

Doch dann, nach vier Tagen, kam eine Durchsage, die nichts Gutes ahnen ließ. Einige Passagiere an Bord hätten erhöhte Temperatur. Und auf einmal wurde das Fahrtempo von 11 auf 22 Knoten erhöht. Man wolle so schnell wie möglich Fremantle erreichen, um die „Fieberfälle" überprüfen zu lassen.

Das kleine Hospital an Bord mit einem Beatmungsplatz und zwei Ärzten wäre bei einem Ausbruch von Covid-19 unter 800 Passagieren völlig überfordert gewesen. Spätestens jetzt machte sich doch mehr und mehr eine bedrückende Stimmung breit.

Besonders spürbar war sie für mich bei einer Messe, die ich für die Crew auf Englisch „gelesen" habe. Die Crew bestand überwiegend aus katholischen Phillipinos. Ich hielt eine Predigt über die Stillung des Sturms (Markus 4,35 ff.). Die Gemeinde hing an meinen Lippen. Die Menschen suchten Trost und Halt, sehnten sich nach Engeln, die ihnen beistehen. Aus den selbst formulierten Fürbitten konnte ich vor allem eines heraushören: Angst. Angst um ihre Familien, ihr Zuhause und Angst vor dem Virus und davor, dass dieser sich auf dem Schiff ausbreiten könnte.

In Fremantle angekommen mussten wir erst einmal „mit Abstand", weiter draußen, am äußeren Rand des Hafenbeckens vor Anker gehen. Vieles war unklar. Australische Ärzte in Schutzkleidung kamen an Bord und machten bei den rund 30 Verdachtsfällen den Corona-Test. Das Ergebnis sollte in den nächsten Stunden vorliegen, doch es zog sich hin.

Hatten der Kreuzfahrtdirektor und der Kapitän anfangs in ihren Ansagen via Lautsprecher noch von der „Arche Artania" gesprochen, so war dieses Bild spätestens in dem Moment zerbrochen, als die Untersuchungen der australischen Behörden ergaben, dass wir sieben Covid-19-Fälle an Bord hatten. Da war allen klar: Die Reise ist zu Ende. Die Frage war nun: *Wie kommen wir so schnell wie möglich wieder nach Hause?*

Alle Passagiere waren aufgefordert worden, in ihren Kabinen zu bleiben. Nur dreimal am Tag durften wir, deckweise in Gruppen eingeteilt, die Kabine verlassen und auf Deck 4 mit Schutzmaske und dem gebührenden Abstand spazieren gehen. Plötzlich waren wir da umringt von Paparazzi-Booten, Drohnen umflogen uns – vor allem Deck 4, wo sich die meisten Passagiere aufhielten – und über uns stand ein Hubschrauber, der das Geschehen filmte. Unser Schiff und unsere Situation in Südaustralien waren in der Weltpresse angekommen.

Ein Mitreisender war von dieser Situation so genervt und offensichtlich überfordert, dass er sich dazu hinreißen ließ, an die Reling zu treten und den „Aasgeiern der Boulevard-Presse" den Stinkefinger zu zeigen. Das war das Bild, auf das die Fotografen gewartet hatten. Am nächsten Tag war er als „der hässliche Nazideutsche, der stinkefingerzeigend den Corona-Virus in die Welt trägt" auf Seite eins der australischen Boulevardzeitungen abgebildet.

Das Krisenmanagement des Veranstalters war gut, transparent und stabil. Allerdings spürte man aus den Ansagen der Hauptverantwortlichen deutlich heraus, wie sehr ihnen dies alles naheging. Auch für sie war ein Traum zerbrochen. Sie agierten deutlich am Rande ihrer emotionalen Möglichkeiten. *Wo waren die Engel bei dieser Reise?* – Ich habe sie bei der Vertreterin der Crew gespürt, „Maria" hieß sie und war die rechte Hand des Kapitäns. Sie war die Ruhe selbst, hat mit einem strahlenden Lächeln die gläubige Gemeinde um sich und um mich geschart. Ein sehr berührender und trostvoller Moment auf dieser chaotischen Reise.

An die Engel und die „unsichtbare Gemeinde" musste ich denken, als ich dann den Abschlussgottesdienst vor den leeren Rängen der Atlantic Lounge halten durfte und musste. Ich habe mir einfach die unsichtbare Gemeinde vorgestellt und an die vielen Menschen in den Kabinen gedacht, die den Gottesdienst über das Bordfernsehen miterleben konnten und die jetzt vor allem eines dringend brauchten: Trost und Gelassenheit. Wie Engel kamen mir die kleinen Trupps vor, die uns regelmäßig mit Essen und Trinken in den Kabinen versorgten und die sich alle Mühe gaben, beste Laune zu verbreiten.

Am Sonntag, den 29. März wurden wir dann in einer dramatischen Rettungsaktion mit vier Condor-Maschinen von Fremantle über Pukhet (Thailand) nach Frankfurt evakuiert. Die Crews dieser Maschinen hatten sich freiwillig für diesen Einsatz gemeldet. Sie wussten ja nicht, was sie erwartet. Für mich waren das Scharen von Engeln, die unter Umständen ihr Leben riskierten, um uns heil nach Hause zu bringen.

In Frankfurt angekommen sollten wir zunächst auf unseren Plätzen sitzen bleiben, denn Vertreter des Gesundheitsamtes Frankfurt wollten sich noch ein Bild von unserem Gesundheitszustand machen. Der Check dieser Behörde bestand darin, dass sie in Schutzkleidung, Vollmontur, einmal durch die Maschine liefen. Jeder, der sich nicht wohlfühle, sollte den Daumen unten lassen. Alle hatten natürlich ihren Daumen oben. Das war's! Kein Fiebermessen, keine Desinfektionen, nichts. Wir wurden einfach hinaus in die Stadt entlassen.

„Taxis stehen hier keine mehr", sagte man uns, „die müssen Sie extra rufen und dann dauert es eine Weile, bis da eins kommt." Ich war genervt und wollte nur noch nach Hause, duschen, frische Klamotten anziehen und durchatmen. Aber ewig auf ein Taxi warten, das wollten wir auch nicht. Also beschlossen wir, einen der gecharterten Busse zu besteigen.

Auf dem Weg zum Busterminal stand da plötzlich aber ein einzelnes Taxi. Ich klopfte an die Scheibe und fragte schüchtern und wenig hoffnungsvoll (wir trugen ja alle Gesichtsmasken und ich hatte irgendwo gelesen, dass man in diesen Zeiten bei einem Taxi nur hinten einsteigen dürfe), ob er uns mitnehmen würde, wir wären allerdings zu viert.

Der Taxifahrer, offensichtlich ein Mann mit Migrationshintergrund, rief lachend: „Klar, ich nehme Sie auch zu fünft mit, wo soll's denn hingehen?" Ich antwortete: „In den Odenwald." Darauf erwiderte er freudig: „Cool!" Ihr seid mein Geschäft des Tages, dachte er wohl und ich: *Dich schickt der Himmel!*

27.

Die heilige Corona

Corona war Ende des Jahres 2020 wohl das am meisten verwendete Wort auf der Welt. Was aber wohl die wenigsten wissen: Auch im ökumenischen Heiligenlexikon wird eine Corona erwähnt. Die heilige Corona, die spätestens seit dem 4. Jahrhundert n. Chr. als Schutzpatronin verehrt wurde – unter anderem gegen Unwetter und Seuchen.

In Sankt Corona am Wechsel (Niederösterreich) fand man im Jahr 1504 in einer hohlen Linde eine Statue dieser heiligen Corona. Daraufhin beschlossen die Gläubigen des Ortes, ihr eine Kapelle zu bauen. Da die Sankt Corona auch für Geldangelegenheiten „zuständig" ist, war bis 1924 „die Krone", eine österreichische Münzwährung, nach ihr benannt.

Dass die heilige Corona von alters her die Schutzpatronin gegen Seuchen war, ist jedoch angesichts der aktuellen Pandemie lediglich ein bizarrer Zufall. Das Corona-Virus wurde nicht nach ihr benannt, sondern erhielt diesen Namen aufgrund seiner kronenartigen Auswüchse. Dass aber die weltweite Corona-Epidemie viele Engel auf den Plan gerufen hat, das dürfte kein Zufall sein.

„Du kommst wie gerufen!" oder *„Dich schickt der Himmel!"*, wenn wir so etwas sagen, dann verwenden wir eine

alte Engelsbegrüßung. Wie groß, kreativ und vielfältig war und ist die Bereitschaft ganz vieler Menschen, sich senden zu lassen, sensibel die Nöte und Bedürfnisse anderer aufzuspüren und aufzugreifen.

„Die Engel tun gut", schrieb ein Kollege in diesen Tagen und er meinte damit die vielen ehrenamtlichen und hauptamtlichen Helferinnen und Helfer, die sich für andere einsetzten, ja, die auf den Intensivstationen der Krankenhäuser zum Teil sogar ihr Leben riskierten. Sie taten gut, sie taten Gutes, diese Boten, wenn sie anderen halfen und andere unterstützten.

Als wir nach unserer albtraumartigen Evakuierung von Fremantle (Australien) nach Deutschland zurückgekehrt waren, mussten wir für 14 Tage in eine strenge häusliche Quarantäne. In dieser Zeit haben wir Anrufe und E-Mails von Menschen bekommen, von denen wir das gar nicht erwartet hätten, immer mit der Frage: „Können wir euch irgendwie helfen? Braucht ihr jemanden zum Einkaufen? Habt ihr genug Klopapier?" Ja, Toilettenpapier war ein echtes Thema, die Regale in den Supermärkten waren leer gefegt.

Über die sozialen Netzwerke haben viele begonnen, anderen zu helfen, indem sie beispielsweise angefangen haben, Nase-Mundschutz-Masken zu nähen oder durch Gutscheinaktionen die örtlichen Geschäfte und

Lokale zu unterstützen. Ich denke da an einen Arzt aus Mainz, der sich nach Feierabend um die Obdachlosen seiner Stadt, die ja durch Corona besonders gefährdet waren, gekümmert hat. Ich denke an ein zwölfjähriges Mädchen, das in unserem Landkreis für die Freiwillige Feuerwehr ihres Wohnortes Mund- und Nasenschutz-Masken genäht hat. Ich denke an den damals 99-jährigen englischen ehemaligen Hauptmann Thomas („Captain Tom") Moore, der anlässlich seines 100. Geburtstags im Garten vor seinem Haus hundertmal 25 Meter „laufen" wollte. Mithilfe seiner technisch versierten Tochter rief er in der Karwoche 2020 öffentlich im Internet zu einer Spendenaktion für den NHS (National Health Service) auf. Auf diese Weise hoffte er, mit seinem Rollator 1.000 englische Pfund zu generieren und schlurfte los. Die Öffentlichkeit war so begeistert und angetan von seiner Aktion, dass schließlich der unfassbare Betrag von mehr als zwölf Millionen Pfund an Spenden zusammenkam. Und ich denke an eine junge Krankenpflegerin, die in diesen kritischen Zeiten in das Altenheim, bei dem sie angestellt war, gezogen ist und die einem hochbetagten Insassen dieses Heimes ein Kissen mit dem Foto seiner ein Jahr zuvor verstorbenen Frau geschenkt hat. Der ältere Herr brach in Tränen aus und drückte dieses Kissen überglücklich an sich. Auf die Frage der Reporterin, warum sie sich so um diesen älteren Herrn kümmern würde, antwortete sie: *„Because I care"* – *„Weil er mir nicht egal ist!"*

Diese Erkenntnis, dass wir einander brauchen und aufeinander angewiesen sind, ist durch diese Krise vielen deutlich geworden. Durch gemeinsames abendliches Singen haben viele begonnen, ihre Nachbarschaft ganz neu zu entdecken und zu pflegen. Das tat gut und das tut gut! Hoffen wir, dass vieles von dem, was an „Engelhaftem" in unserem Land in dieser Zeit entstanden und erwacht ist, bleibt.

> *„Die Köpfe sortieren neu*
> *zwischen echtem Wert und bloßer Nichtigkeit.*
> *Wenn wir uns das bewahr'n, dann wird*
> *daraus das, was besser bleibt"[13],*

textete Oliver Gies von der wunderbaren A-capella-Gruppe „MAYBEBOP" in ihrem Song zur Krise *„Das, was besser bleibt"*. Auch die vielen Lieder, die in dieser Zeit entstanden sind, gehören für mich zu den Botschaften der himmlischen Heerscharen, die uns im Lockdown einfach Mut machten und auch jetzt weiterhin machen und die uns aufrufen, nicht zu verzagen und aufzuschauen in eine hoffnungsvolle Zukunft.

Wenn man jedoch bedenkt, dass die heilige Corona einerseits als Schutzpatronin gegen Seuchen und andererseits als Helferin für Geldgeschäfte angesehen und in bestimmten katholischen Kreisen auch als solche angebetet wird, könnte das durchaus ein Nährboden sein für eine der vielen kursierenden Verschwörungstheorien. Nämlich: Der viralen Pandemie wird eine weltweite Finanzkrise folgen. Und wenn man sich fragt: „Wer sind eigentlich die Gewinner dieser Pandemie?", dann wird man feststellen, dass die großen Online-Händler kräftige Zuwachsraten erlebt haben und weiter erleben und dass sehr viele kleine wie mittlere Betriebe im Zuge der Krise auf der Strecke geblieben sind.

Und dann richtet sich der Blick nach China. Von manchen wird behauptet, von dort sei der Virus bewusst auf die Menschheit losgelassen worden, um den gesamten Weltmarkt zu erschüttern und langfristig die chinesische Vorherrschaft als wirtschaftliche und strategische Großmacht zu festigen. Allerdings ist der Schaden für die chinesische Wirtschaft so immens, dass das mit Sicherheit ein riesiger Unfug ist, zumal viele Firmen hier bei uns auf einmal feststellen mussten, wie abhängig sie von den dortigen Zulieferfirmen sind. Die allzu langen und fragilen Lieferketten, zum Beispiel in der Autoindustrie, stehen ganz neu auf dem Prüfstand.

Eine Gewinnerin der Krise ist sicherlich die Digitalisierung unserer Gesellschaft: Schulen, Betriebe, Vereine, die Kirchen und viele andere realisierten auf einmal, welch große Möglichkeiten das Homeoffice und Meetings per Internet-Videoschaltung eröffnen. Soziale Netzwerke wie Facebook, Instagram oder Youtube wurden auf einmal die Plattform für ganz viele kreative Aktionen und Interaktionen. Schulunterricht via Tablet und Laptop wurde einfach mal ausprobiert, und dabei haben wir festgestellt, wie groß der Nachholbedarf in Sachen „Digitalisierung" in unserer Gesellschaft ist.

Eine weitere Gewinnerin war die Natur, der diese Krise eine Verschnaufpause gönnt und beispielsweise den Sinn oder Unsinn eines permanent wachsenden weltweiten Flugverkehrs auf die Prüfwaage stellte.

Und wenn uns die heilige Corona daran erinnert, dass es schon immer Seuchen und Katastrophen auf dieser Welt gab, dann wird deutlich, dass all diese Epidemien und Pandemien irgendwann überwunden wurden und die Menschen zu einem normalen, vielleicht bewussteren Leben zurückkehren konnten.

Es gibt keine Engel

Engel gibt es nicht, sagst du und zeigst mir einen Vogel.
Deinen Vogel, den es ja dann auch nicht gibt, denn
deinen Vogel sehe ich ja auch nicht und auch er wäre
ein Flügelwesen, ein flatterhafter bunter Zeitgenosse,
der sich einnistet in deinem Kopf oder wenn du meinst
auch in meinem Kopf.

Dabei gibt es sie natürlich, die Engel, und sei es
zunächst einmal nur in unserem Sprachgebrauch, in
unseren Vorstellungen, unserer Fantasie und unseren
Träumen.

Wir reden von Schutzengeln, wenn wir eine Gefahr,
einen Unfall, einen Absturz gut überstanden haben.
Uns gefällt die Vorstellung von einem Engel, der uns
hier und da begleitet, beschützt und zur Seite steht.
„Hier und da" wohlgemerkt, denn wenn sie immer da
wären, gäbe es ja keine Unfälle und keine Abstürze mehr.
Apropos „Unfälle", da gibt es die sogenannten „Gelben
Engel", die kannst du rufen, wenn du mit dem Auto eine
Panne hast und nicht weiterkommst. Du rufst sie, sie
kommen, checken die Batterie, wechseln den Reifen,
schaun unters Auto und schleppen dich ab. Sie besorgen
dir ein Ersatzfahrzeug, zur Not auch ein Quartier. Aber
wenn du den Tank leer gefahren hast, sind sie sauer,
die Gelben Engel. Auch wenn du sie anschaust wie ein
„Unschuldsengel".

Schon wieder ein Engel, was soll das denn sein,
ein „Unschuldsengel", ein hübsches Früchtchen,

das scheinbar kein Wässerchen trüben kann, es aber
faustdick hinter den Ohren hat?
„Schau mich nicht so an wie ein Unschuldsengel!",
sagen wir manchmal und meinen damit: Ich lasse
mich nicht täuschen von deiner hübschen Fassade.
Die prunkvollen Fassaden schmücken allenfalls die
Putten in den großen Kirchen und den Festsälen der
Barockschlösser. Sie hängen und quirlen von oben herab,
aus den Stuckdecken heraus. Sie verzieren Gemälde
und Altäre, die kleinen dicken, kindhaften himmlischen
Wonneproppen, mit dicken Beinchen und Ärmchen halten
sie Instrumente und: Vorsicht, auch hier und da Pfeil und
Bogen.

In der Advents- und Weihnachtszeit gehören sie zur
Kulisse: Engel, wohin das Auge blickt. Ein Engel für Maria,
zwei Engel für Josef und Heerscharen von Engeln für die
Hirten auf dem Feld.
„Fürchte dich nicht" und „große Freude" und
„Friede auf Erden" verkünden sie bis zum Umfallen und
bis man es nicht mehr hören kann: „Frieden, Frieden,
Frieden". Wo doch so wenig Frieden ist, gerade in der
Weihnachtszeit, in der Verwandschaft und in Betlehem
„hinter der Mauer".
„Da hast du's", sagst du triumphierend: „Deine Engel
verkünden Frieden, aber es gibt keinen Frieden,
also gibt's auch keine Engel."
„Hier und dort", sage ich, „hier und dort gibt es Frieden,
umarmen sich Nachbarn, versöhnen sich Feinde

und hier und dort kann man sie spüren:
die Engel."

Text: Clemens Bittlinger

Die lange Bank

„Die lange Bank,
auf die wir vieles schieben,
wird immer kürzer."
hat jemand mir geschrieben.
Drum schreib ich heute,
wünsche dir,
noch eine möglichst lange Bank
für dich und deine Lieben!
Mach, was dir guttut:
Du musst nichts mehr verschieben!

Text: Clemens Bittlinger

28.

Engel in Aktion

Seit vielen Jahren bin ich musikalischer Botschafter der *Christoffel Blindenmission* (CBM), eine Aufgabe, die ich sehr gerne erfülle. In rund 50 Ländern dieser Welt leistet dieses Hilfswerk vor allem eines: Versöhnungsarbeit, Versöhnung zwischen den unterschiedlichen Kulturen, Volksgruppen und Religionen, indem die CBM ohne Ansehen der Person den Ärmsten der Armen hilft. Schneller und direkter kann man keinem Menschen helfen, als dass man ihm oder ihr das Augenlicht wiederherstellt. Die Hilfe der CBM ist immer Hilfe zur Selbsthilfe. Bei meinen Projektreisen in Indien, Brasilien und Tansania konnte ich mich vor Ort von der effektiven Arbeit, die diese NGO leistet, überzeugen.

Bei jedem unserer Konzerte weisen wir auf die Arbeit der CBM hin und laden unser Publikum ein, dieses Hilfswerk zu unterstützen. Vor etwa 15 Jahren haben wir begonnen, auf den großen Kirchentagen eine sogenannte „Engel-Aktion" zu starten. An einem farbigen Band mit dem Aufdruck „CBM" baumelt ein kleiner, etwa zehn Zentimeter großer, Holzengel. Diese „Kirchentagsengel" wurden begeistert aufgenommen. Jeder und jede wollte sich so einen Engel umhängen. Sinn dieser zu Zehntausenden unters Volk gebrachten Engel war im Grunde eine „Schubsengel"-Botschaft:

> *„Werde zu einem Engel für andere, indem du dich enga-*
> *gierst, indem du dich selbst und andere informierst über*
> *die Situation der Menschen mit Behinderung weltweit.*
> *Lerne hinzuschauen und achte auf solche, die sich nicht*
> *so ohne Weiteres in unserer Gesellschaft zurechtfinden*
> *und bewegen können!"*

Natürlich war das Ganze auch verbunden mit der Möglichkeit, die Arbeit der CBM durch eine Spende oder durch Spendenaktionen zu unterstützen. Eine gute Möglichkeit, mit anderen gewissermaßen spielerisch ins Gespräch über sozialpolitisches Engagement zu kommen.

Für viele Menschen in den Ländern der Dritten Welt sind die Helferinnen und Helfer der CBM zu heilenden Engeln geworden. In Tansania waren wir unterwegs in den Außenbezirken der Stadt Moshi, direkt unterhalb des Kilimandscharo. Wir besuchten eine Familie, die in einem kleinen Dorf mitten im Urwald lebte. Die achtjährige Tochter Vicki* hatte einen sogenannten „offenen Rücken" und konnte nur im Rollstuhl bewegt oder eben getragen werden. Sie war ein fröhliches und intelligentes Kind und ihre Mutter trug sie jeden Tag auf ihrem Rücken mithilfe einer speziellen Tragevorrichtung in die Schule.

---

* Name geändert

Bei afrikanischen Stämmen und auf den dortigen Dörfern gilt Behinderung als ein Stigma. Behinderte Menschen werden in der Regel versteckt oder gleich nach der Geburt getötet.

Und die, die man versteckt hält, führen oft ein erbärmliches, menschenunwürdiges Dasein. Die Social Worker (Sozialarbeiter), die im Auftrag der CBM unterwegs sind, spüren solche Lebenssituationen auf und holen die behinderten Kinder „ans Licht".

Die Mutter von Vicki hatte ihre Tochter nicht versteckt, sondern mit einem enormen körperlichen Kraftakt über Jahre dafür gesorgt, dass dieses Kind gefördert wurde und zur Schule gehen konnte. Von der CBM erhielt sie nun einen urwaldtauglichen Rollstuhl, mit dem Vicki zur Schule gefahren werden konnte. Mit einem großen Jeep haben wir Vicki dann zu ihrer Schule begleitet. Dadurch wurde auch für die Mitschülerinnen und Mitschüler deutlich: Vicki ist ein ganz besonderes Mädchen. Sie wurde von den anderen behandelt wie eine Prinzessin.

Was die CBM in diesen Ländern leistet, ist für mich „Engelsarbeit". Und an diese Engelsarbeit, die jeder leisten kann, möchte die CBM erinnern und uns herausfordern durch die kleinen „Kirchentags-Schubsengel".

29.

Wie beschreibt man Engel, die man nicht sehen kann?

Eine stark sehbehinderte Frau erzählt:

Ich lebe im Dunkeln, seit ich denken kann. Ich bin blind und kann nicht sehen. Manche sagen, der Begriff „blind" sei politisch nicht korrekt, ich sei „visuell herausgefordert" oder habe das Handicap „Sehbehinderung". Na ja, ich finde „blind" beschreibt es eigentlich ganz treffend, wenn jemand nichts sehen kann. Wobei, ganz korrekt ist das auch nicht. Denn gesetzlich gesehen werden alle Menschen ab einer Sehstärke von zwei Prozent und weniger als „blind" erfasst. „Blind" muss daher nicht unbedingt völlige Dunkelheit bedeuten.

Aber wie auch immer: Ich kann dafür tasten, spüren, hören, riechen, schmecken, nur sehen kann ich leider nicht. Wie sehr wünsche ich mir, die Farben, die mir andere beschreiben, einmal mit den eigenen Augen wahrzunehmen ... aber es geht nicht. Und wer weiß, vielleicht wäre ich ja enttäuscht. Man hat versucht, mir die Farben vor mein inneres Auge zu malen, aber wie beschreibt man die Farbe Rot? Wie eine rote Frucht schmeckt, das weiß ich, aber ich schmecke nicht das Rot, sondern eine Frucht. Süß oder sauer schmecke ich.

Rot kann man nicht schmecken: Eine Erdbeere ist rot, eine Chilischote ist auch rot, habe ich gehört, und beide schmecken so unterschiedlich. Eine Tomate ist angeblich rot und Kirschen sind rot, dunkelrot sogar, habe ich gehört. Dunkelrote Kirschen mag ich ganz besonders, sie sind so süß und saftig. Ich glaube, dunkles Kirschrot ist mein Lieblingsrot, aber das ist in meinem Fall wirklich reine Geschmackssache.

Wie beschreibst du die Farbe Blau einem Menschen, der diese Farbe nicht sehen kann? Du sagst, der Himmel sei manchmal blau. Blau sei auch der Boden eines Swimmingpools und deshalb habe man zunächst den Eindruck, auch das Wasser sei blau, aber das Wasser ist durchsichtig, farblos. Farblos! – Was soll das denn sein für einen Menschen, der keine Farben kennt? – Ich liebe es zu schwimmen, ich liebe es, in das Wasser einzutauchen, ob nun blau oder farblos. Beides sind meine gefühlten Lieblingsfarben.

Eine saftige grüne Wiese? Was ist das? Ich rieche das frisch gemähte Gras. Das sei grün, höre ich. Ich lasse es durch meine Finger gleiten und atme kräftig ein. Grün kann ich auf den Wiesen und im Wald riechen, vom Geruch her ist Grün meine Lieblingsfarbe.

Du siehst, ich habe lauter Lieblingsfarben. Besonders gut gefällt mir neben Grün aber auch Braun. Braun, so sagt man, sind Bäume, und ich ertaste gerne die Rinde eines alten Baumes, einer Eiche oder eines Apfelbaumes, noch dazu zur Blütezeit, da kann ich tasten und riechen gleichzeitig. Die Farbe Braun berührt mich am meisten oder anders gesagt, sie lässt sich am besten von mir berühren. Auch wenn andere sagen, Braun sei keine schöne Farbe, die meinen das dann irgendwie politisch wegen den braunen Uniformen, die die Nazis immer anhatten. Wie gut ist es dann, denke ich, dass ich Braun nur ertasten kann, ich kann es mir in den schönsten Farben ausmalen, auch wenn ich gar nicht weiß, wie das geht. In meinem Kopf geht es irgendwie dann doch. Ein Leben „im Dunkeln" kann irgendwie auch bunt sein. Ich erlebe, dass viele Sehende davon ausgehen, dass Blindsein immer schrecklich ist. Das stimmt so nicht. Auch ein Leben ohne Farben kann auf seine ganz eigene Weise „bunt" sein – wobei es natürlich auch Phasen gibt, die als drückend und dunkel wahrgenommen werden.

Manchmal begegnet mir gerade in diesen Zeiten ein Engel. Wenn wir über Engel reden, dann sagen mir viele, die sehen können, das seien himmlische Helfer, die man nicht sehen könnte. Das klingt für mich merkwürdig, weil ich ja andauernd von Wesen umgeben bin, die ich nicht sehen kann. Viele glauben auch gar nicht, dass es Engel gibt, eben weil man sie nicht sehen kann.

Ich aber bin täglich umgeben von Helfern, die ich nicht sehen kann. Ich glaube an Engel, an die unsichtbaren und vor allem auch an die, die nur ich nicht sehen kann. Ohne Hilfe, ob nun himmlisch oder irdisch, wäre ich manchmal ganz schön hilflos. Ich finde Helfer, solche, die anderen Gutes tun, sind immer himmlisch. Manchmal gibt es aber auch hilflose Helfer, die mir helfen wollen, obwohl ich gar keine Hilfe brauche. Viele Sehende gehen scheinbar davon aus, dass sehbehinderte Menschen total hilflos sind. Das stimmt natürlich überhaupt nicht. Die kommen mir dann vor wie die Pfadfinder, die jeden Tag eine gute Tat vollbringen müssen und dann in ihrer Not womöglich eine ältere Dame oder eben einen blinden Menschen über die Straße bringen, der gar nicht hinüberwollte. Manchmal erlebe ich die Sehenden fast als hilfloser als die sogenannten „Blinden".

Engel sind sensibel. Sie sprechen mich an. Das ist wichtig, gerade für mich als Frau, dass ich erst angesprochen werde, bevor mich jemand anfasst. Doch dann hilft es manchmal, wenn sie sanft meine Hand oder meine Schulter berühren, sodass ich sie spüren und räumlich verorten kann. Und dann fragen sie mich, ob ich Hilfe brauche oder ob sie etwas für mich tun können.

Manchmal lache ich dann und sage: „Nein danke, aber vielleicht kann ich ja etwas für dich tun." Ich vermute mal, sie schauen mich dann verdutzt an, weil sie sich nicht vorstellen können, was ein Mensch mit Sehbehinderung für sie tun kann. Wenn sie zustimmend verharren oder gar fragen „Was könntest du denn für mich tun?", antworte ich:

„Schließ doch bitte mal die Augen und versuche mal einen Moment, dich in meine Lage zu versetzen! Und jetzt steh auf und orientiere dich mit geschlossenen Augen in diesem Raum, in dem wir uns gerade befinden. Benutze dabei deine Hände, um zu spüren, wo die

Stühle stehen, wo der Tisch sich befindet, das Regal mit den vielen Büchern und – Vorsicht! – auch mit den Gläsern. Lass dich von mir dirigieren und dann folge meiner Stimme und komme wieder zurück zu mir. Halte deine Augen geschlossen und lass mich dein Gesicht ertasten. Keine Sorge, ich habe meine Hände frisch gewaschen. Und dann beschreibe ich dir, was ich ‚sehe‘:

Ich fühle deine Stirn und deine Haare, du hast viele Haare und manche kräuseln sich wie Locken. Deine Stirn fühlt sich glatt und kühl an, aber zwischen den Augen hast du zwei Sorgenfalten, entspann dich: Alles ist gut! Oh, du hast ja eine Brille auf. Nimm sie ab und lege sie auf den Tisch vor dir. Halte die Augen weiterhin geschlossen. Deine Augenbrauen sind dicht bewachsen, aber gepflegt. Ich lege meine Hände jetzt auf deine geschlossenen Augen und spreche ein Gebet: ‚Lieber Gott, hab Dank für unsere Sinne, hab Dank, dass wir tasten, riechen, schmecken und hören können. Schade, dass ich nicht sehen kann, aber hab Dank, dass andere es können. Hilf, dass wir dankbar sind für das, was wir haben. Amen.‘

Jetzt kannst du deine Augen wieder öffnen!“, sage ich und spüre, dass mein Gegenüber Tränen in den Augen hat und einfach nur ein einziges Wort hervorbringt: „Danke!“

Herzlichen Dank an Ramona Gelber, eine sehbehinderte Mitarbeiterin der CBM, die diesen Text redaktionell bearbeitet und ergänzt hat.

30.

Und lass deine heiligen Engel darin wohnen …

Mit Pater Anselm Grün bin ich eng verbunden. Anfang der 2000er-Jahre hat er auf Anregung des Verlegers Manuel Herder ein Buch zum Thema Engel geschrieben und gilt seitdem als einer der Spezialisten, wenn es um dieses Thema geht. Er versteht in vielen Bereichen das, was wir als Engel bezeichnen, auch als Impulse, die wir von außen empfangen und die unser Leben heil und wertvoll machen.

So sagte er mir einmal, als ich ihm die Situation unserer Kirchen beklagte: „Ich wünsche dir den Engel der Gelassenheit!" Er meinte damit, dass Gelassenheit sicherlich zu den Tugenden gehört, zu denen uns Gott immer wieder führen und an die er uns immer wieder erinnern möchte.

Wenn sie mir abhandengekommen ist, dann hilft es mir, mir vorzustellen, dass es einen Engel der Gelassenheit gibt, der mich begleitet, der mich segnet und der mich zur Ruhe kommen lässt. Einer, der mir die Hand auf die Schulter legt und mich beiseitenimmt, herauszieht aus dem „Sorgenstrudel", in dem ich manchmal gefangen bin.

In unserer gemeinsamen Veröffentlichung *„Herr, kehre*

ein in dieses Haus" schreibt Anselm Grün über diesen Engel der Gelassenheit:

> *„Dir wünsche ich, dass Gott heute Abend seinen Engel der Gelassenheit zu dir sende, damit du den heutigen Tag lassen kannst, anstatt ständig nachzugrübeln, ob alles richtig war. Der Engel der Gelassenheit lasse dich ausruhen von allen Sorgen und ängstlichen Überlegungen. Er befähige dich, dein Ego loszulassen, das nie zur Ruhe kommt. So kannst du gelassen in Gottes guten Armen Ruhe finden."*[14]

Die „Perlen des Glaubens", eine Gebetskette, die ursprünglich mal von dem schwedischen Bischof Martin Lönnebo entwickelt wurde, hilft mir dabei. Sie ist ein Armband, das aus achtzehn sehr unterschiedlichen Perlen besteht. Achtzehn Perlen für Hand und Herz – Glaube zum Begreifen, könnte man sagen. Gemeinsam mit der evangelischen Pfarrerin und Spiritualin Kirstin Faupel-Drevs haben wir eine CD zu diesem Perlenband aufgenommen und gestalten entsprechende, meist von örtlichen Chören mitgestaltete Konzerte. Dabei erzählen wir von der Begegnung zwischen einem Pilger und einem Engel.

Der Pilger steht vor dem Tor einer großen Stadt und möchte hinein, aber das Tor ist verschlossen. Da erscheint ihm ein Engel mit den Worten: „Wenn du in die Stadt hineinwillst, musst du erst herausfinden, was das Wichtigste in deinem Leben ist", und überreicht ihm als Wegweiser die *Perlen des Glaubens*.

In dem nun folgenden Dialog zwischen Pilger und Engel wird die Bedeutung der einzelnen Perlen erzählerisch entfaltet.

Jede dieser Perlen hat einen Namen und eine Bedeutung und da gibt es eben auch die dunkelblaue Perle der Gelassenheit. Sie ist meine persönliche Lieblingsperle und ich verbinde sie gerne mit dem altbekannten Gebet von Reinhold Niebuhr:

> *„Gott, gib mir die Gelassenheit, Dinge hinzunehmen, die ich nicht ändern kann, den Mut, Dinge zu ändern, die ich ändern kann und die Weisheit, das eine vom anderen zu unterscheiden. Amen."*[15]

Der antike Philosoph Sokrates bezeichnete die Gelassenheit als eine der wichtigsten Tugenden. Und der Verfasser des Galaterbriefes nennt als Früchte des Geistes: Friede, Geduld, Freundlichkeit und Glaube, die ja alle zusammengenommen zu einer tiefen Gelassenheit führen. Wenn ich also einmal wieder in eine Situation gerate, in der (z. B. im Straßenverkehr) die Gefahr besteht, dass ich „ausraste", dann hilft es mir, an diesen Begleiter, an einen Überbringer der Gelassenheit zu denken, mich zu bekreuzigen und kräftig durchzuatmen.

„Die Engel sind in der christlichen Tradition auch die Wesen, die uns mit dem Potenzial unserer Seele in Berührung bringen, mit den Haltungen und Tugenden, die in unsere Seele eingeschrieben sind, die wir aber oft genug vergessen und von denen wir uns abgeschnitten fühlen. Daher können wir die Engel auch mit Tugenden in Verbindung bringen, mit Haltungen, die uns Halt geben, mit Werten, die unser Leben wertvoll machen."[16]

Ein anderes Gebet habe ich von Anselm Grün gelernt, es ist ein 1.600 Jahre altes Abendgebet, das die Benediktiner in Münsterschwarzach jeden Abend beten. Bei den vielen Veranstaltungen, die ich gemeinsam mit diesem charismatischen Freund und Bruder machen durfte, hat er dieses Gebet jeweils gegen Ende des Abends mit den Menschen gebetet und mit einer Geste verbunden. Es ist für mich immer wieder faszinierend zu erleben, wie eine Geste, eine neue Haltung, unser Beten und unser Innerstes verändert.

Anselm Grün bittet die Menschen aufzustehen, dann lädt er sie ein, die Arme über der Brust zu kreuzen und die Gegensätze in sich zu umarmen: das Starke und das Schwache, die Dunkelheit und das Licht etc. In diese Atmosphäre hinein, in der jeder und jede sich umarmt (fühlt), spricht er dann dieses alte Gebet hinein:

„Herr, kehre ein in dieses Haus und lass deine heiligen Engel darin wohnen, sie mögen uns in Frieden behüten und dein heiliger Segen sei allezeit über uns und um uns und in uns. Darum bitten wir durch Christus unsern Herrn. Amen."

Nachwort

Eine Welt voller himmlischer Botschaften

Noch ein anderer Engel prägt die Atmosphäre unseres Wohnzimmers. Es ist eine ebenfalls 30 Zentimeter große Putte aus Gips, so wie man sie in Kirchen oder an den Stuckdecken großer barocker Säle in manchen Schlössern entdecken kann. Diese Figur sitzt oben auf unserem Bücherregal und streckt sich dem Himmel entgegen. In ihren beiden Händen hält sie eine Fanfare. Mit dicken Backen bläst der Engel in das Instrument und erzeugt offensichtlich einen lauten Ton. Gerade so, als wollte er ein Signal gen Himmel senden: „Siehe, ich verkünde große Freude: Die Menschen haben den Himmel noch nicht ganz vergessen. Sie achten auf die himmlischen Spuren in ihrer Welt!"

Dieser kleine, dralle Bursche erinnert mich aber auch daran, dass ich in diesem Buch vieles außer Acht gelassen habe, was wichtig zu erwähnen gewesen wäre: den unfassbar großen Bereich der bildenden Kunst. Das Thema Engel hat von jeher Maler und Bildhauer zu wunderbaren Werken inspiriert. Das wäre einen eigenen, fulminanten Bildband mit vielen Hundert Seiten wert. Dass es in der Klassik und auch in der Popmusik viele Songs und Kompositionen zu den himmlischen

Boten gibt, habe ich lediglich durch einige Liedtexte angedeutet.

Ein ganz eigenes Kapitel wäre auch die Bedeutung der Engel in Filmen – auch hier ließe sich eine eigene ganz treffliche und inspirierende Publikation veröffentlichen.

Doch der Fanfarenstoß des Engels signalisiert noch etwas ganz anderes. Er weist nach oben. Dorthin, wo wir traditionell und intuitiv die himmlischen Welten verorten. Der Engel weist von sich weg. Es geht Engeln nicht um sich selbst, sie sind Ausdruck des einen Gottes, der sich auf ganz vielfältige und kreative Weise uns Menschen mitteilt. Als Botschafter tragen Engel eine Botschaft – einen Impuls, eine Erinnerung, eine Neuausrichtung, eine Gesinnung –, etwas, das von Gott kommt. Nicht mehr, aber auch nicht weniger.

Es gibt Menschen, die die Engel zu wichtig nehmen, die in einer esoterischen „Engelwelt" leben, die mit dem, was uns die Bibel beschreibt, nur noch wenig oder gar nichts mehr zu tun hat. In diesem Buch habe ich versucht zu beschreiben, wie wir die Boten heute verstehen, erklären und wahrnehmen können. Es sind Deutungen. Natürlich kann ich auch weiterhin sagen: *„Da war plötzlich ein neuer Impuls"* oder *„Da habe ich auf einmal neue Kraft in mir gespürt!"* oder *„Irgendetwas hat mich davon abgehalten, dies oder jenes zu tun."*

Vor vielen Jahren habe ich ein Lied geschrieben, das heißt: *„Gott spannt leise feine Fäden, die du leicht ergreifen kannst"*. Bei diesem himmlischen Netzwerk knüpfen und spannen, so denke ich, viele eifrig mit. Daher lautet die biblische Erklärung für solche Impulse: „Engel sind stets unterwegs." Oder anders gesagt: „Die Welt, in der wir leben, ist immer voller himmlischer Botschaften an uns, wir müssen sie nur wahrnehmen."

Hirtenwort (… der Heerscharen; Lukas 2,10)

Den Hirtinnen und Hirten gilt diese Himmelswort:
Ihr braucht euch nicht zu fürchten, ihr, die ihr diesen Ort,
die Welt, so wohl verwaltet, behütet, hegt und pflegt,
die Erde so gestaltet, dass sie auch künftig trägt.

All jene, die den Frieden, uns're Demokratie
behüten und bewahren, und die sich nicht entzieh'n,
wenn Andere sich melden – faschistisch, laut und blind –,
braucht es als Alltagshelden, die dann zugegen sind.

Wohl denen, die sich kümmern um Menschen um sie her,
trotz Krieg und all den Tümmern nicht ihren Mut verlier'n!
Die auch im Finstern singen; ein Lied, das leis' erklingt,
wird neue Hoffnung bringen, dem, der es hört und singt.

Dass alle Ketten fallen, die Waffen endlich ruh'n,
erträumen sich wohl alle, die täglich etwas tun;
die mühsam das aufbauen, was Andere zerstör'n,
die weit nach vorne schauen und nicht den Mut verlier'n.

Text: Clemens Bittlinger

Quellen

1 Gerhard Schöne, BuschFunk Musikverlag, Berlin. CD: „Spar deinen Wein nicht auf für morgen"

2 Copyright © 1964 Margaret Fishback Powers, übersetzt von Eva-Maria Busch, Copyright © der deutschen Übersetzung 1996 Brunnen Verlag GmbH, Gießen. *www.brunnen-verlag.de*

3 Westermann, Claus: Gottes Engel brauchen keine Flügel, Stuttgart 1989, S. 7.

4 Bandini, Pietro: Die Rückkehr der Engel, Heyne, Dresden 1998.

5 Berger, Klaus: Die Jungfrauengeburt – Ein Übersetzungsfehler, 31.01.2019 In: Welt-online: *https://www.welt.de/welt_print/article3123235/Die-Jung-frauengeburt-ein-Uebersetzungsfehler.html* .

6 Bandini, Pietro: Die Rückkehr der Engel, Heyne, Dresden 1998

7 Westermann, Claus: Gottes Engel brauchen keine Flügel, Stuttgart 1989, S. 7

8 Origenes: Über die Hauptlehren II, 10,7.

9 Übersetzter Auszug aus der Rede von Greta Thunberg bei der Jahrestagung des Weltwirtschaftsforums in Davos 2019.

10 Auszug aus der Rede von Greta Thunberg während des UN-Klimagipfels 2018 in Kattowitz.

11 Mann, Michael E.: Der Tollhauseffekt, Heise Medien, Hannover 2018.

12 Gerhard Schöne, BuschFunk Musikverlag, Berlin. CD: „Der Engel, der die Träume macht"

13 MAYBEBOP, Oliver Gies: „Das, was besser bleibt", *https://www.maybebop.de/musi*.

14 Grün, Anselm u. Bittlinger, Clemens: Herr, kehre ein in dieses Haus, Vier-Türme-Verlag, Münsterschwarzach 2017.

[15] Niebuhr, Reinhold: Gelassenheitsgebet, *https://de.wikipedia.org/wiki/Gelassenheitsgebet*

[16] Grün, Anselm u. Bittlinger, Clemens: Herr, kehre ein in dieses Haus, Vier-Türme-Verlag, Münsterschwarzach 2017.

Bibliografische Informationen der Deutschen Nationalbibliothek
Die Deutsche Nationalbibliothek verzeichnet diese Publikation in
der Deutschen Nationalbibliografie; detaillierte bibliografische Da-
ten sind im Internet über http://dnb.d-nb.de abrufbar.

Bibelzitate wurden, wenn nicht anderweitig gekennzeichnet, folgen-
der Bibelausgabe entnommen: Einheitsübersetzung der Heiligen
Schrift, vollständig durchgesehene und überarbeitete Ausgabe,
Copyright © 2016 Katholische Bibelanstalt, Stuttgart.
Weitere verwendete Bibelausgaben:
Gute Nachricht Bibel, durchgesehene Neuausgabe,
© 2018 Deutsche Bibelgesellschaft, Stuttgart (GNB)
Hoffnung für Alle ®, Copyright © 1983, 1996, 2002, 2009, 2015 by
Biblica, Inc.®. Verwendet mit freundlicher Genehmigung des Her-
ausgebers Fontis. (HfA)
Lutherbibel, revidiert 2017, © 2016 Deutsche Bibelgesellschaft,
Stuttgart (LU)

2. Auflage 2024

Die erste Auflage erschien im Brendow Verlag
unter der ISBN 978-3-96140-166-6

© 2024 Brunnen Verlag GmbH Gießen
Umschlaggestaltung: Olaf Johannson, *spoondesign.de*
Motiv: Shutterstock.com/BellsWhistle5
Satz: Brunnen Verlag GmbH
Herstellung: GGP Media GmbH, Pößneck
Gedruckt in Deutschland
ISBN 978-3-7655-3609-0
www.brunnen-verlag.de